Paula Almqvist

Die Macken der Männer

HERDER spektrum

Band 5716

Das Buch

Warum weigern sich Männer, in fremden Städten nach dem Weg zu fragen? Warum fahren sie meilenweit, um beim Tanken ein paar Cent zu sparen? Und wieso werden sie schwierig, wenn sie mal Möbel umstellen oder die Urlaubspostkarten schreiben sollen? Paula Almquist ist diesen Fragen nachgegangen und hat herausgefunden: Männer sind meistens vernünftig – bis auf diese vielen Ausnahmen. Sie sind faszinierend – aber resistent gegen Verbesserungen. Sie haben abends vergessen, daß sie mittags beim Friseur waren, sind nicht beleidigt, wenn man sie auf ihr Lebendgewicht anspricht, können im Kino nicht weinen, fordern für jede Hilfe im Haushalt großes Lob ein. Kurzum: Männer sind nett, aber nur bedingt alltagstauglich.

Paula Almqvist beschreibt anschaulich die gebräuchlichsten Fehlkonstruktionen. Die Geschichten über die 100 Macken der Männer sind ein Trost für alle Frauen, die dachten, nur ihrer wäre so.

Die Autorin

Paula Almqvist war viele Jahre Reporterin und Kolumnistin beim „stern“, schrieb mehrere Bücher und erhielt einen Kisch-Preis. Sie lebt als freie Autorin in Hamburg und in der Normandie und unterrichtet nebenbei das Thema Glosse.

Paula Almqvist

Die Macken der Männer

Von Männern lernen heißt, sich täglich wundern

HERDER

FREIBURG · BASEL · WIEN

Originalausgabe

Gedruckt auf umweltfreundlichem,
chlorfrei gebleichtem Papier

www.herder.de
Satz: Dtp-Satzservice Peter Huber, Freiburg
Druck und Bindung: fgb · freiburger graphische betriebe 2006
www.fgb.de
Umschlaggestaltung und Konzeption:
R·M·E München / Roland Eschlbeck, Liana Tuchel
Umschlaggestaltung unter Verwendung der Figur Ken
mit freundlicher Genehmigung der Firma Mattel.
Autorenfoto: © Christer Almqvist
ISBN-13: 978-3-451-05716-8
ISBN-10: 3-451-05716-6

In Dankbarkeit den vielen Männern,
die mir unfreiwillig Modell standen.

1.

Was Männer niemals hören wollen

Gestern sah ich einen Mann, dessen T-Shirt sich von vorn las: „Du bist schön, schön, schön!“ Und von hinten: „Nu is' aber auch genug!“ Kinder, Narren und T-Shirts sprechen bekanntlich die Wahrheit. Einer nagelneuen Meinungsumfrage zufolge gibt es wenig, was Männer mehr nervt, als die weibliche Frage „Findest Du mich zu dick?“ 63 % aller Männer finden diese stereotype Sorge ätzend – welche Luxusprobleme die Männer haben! Da würden wir gern tauschen.

Wir nämlich würden einem Mann die Füße küssen, der uns täglich, von milden Selbstzweifeln angenagt, einschlägige Fragen stellte: „Findest Du mich zu dick?“ „Hatte ich früher mehr Haare?“ „Glaubst Du manchmal, ich höre Dir nicht richtig zu?“ „Findest Du mich schlampig?“ „Stimmt es, daß ich schnarche?“ „Denkst Du, ich habe zu wenig Zeit für Dich?“ „Meinst Du, andere Männer sind besser im Bett?“ „Sollte ich in Zukunft den Müll ohne Murren rausbringen?“ „Meinst Du, ich sehe zu viel Boxen im Fernsehen?“ „Könntest Du Dir einen romantischeren Partner vorstellen als mich?“ „Riechen meine Turnschuhe schlecht?“ „Bringen andere Männer öfter Blumen mit als ich?“

Wir würden diesem Mann tröstend über den Kopf streicheln und auf alle Fragen mit einem unzögerlichen, aufrichtig gehauchten „Ja“ antworten.

2.

Wenn Männer beifahren müssen

Moderne Männer haben keine Vorurteile. Schon gar nicht gegen Frauen am Steuer. Sagen sie. Schließlich wollen sie nicht als reaktionäre Spießer beschimpft werden.

Dennoch ist es für viele Männer insgeheim widernatürlich, auf dem Beifahrersitz Platz zu nehmen, wenn eine Frau am Lenkrad sitzt.

Für dieses ihnen zutiefst unerfreuliche Szenario gibt es freilich immmer mal wieder zwingende Gründe. Sei es, daß sein Auto in der Werkstatt ist. Oder daß er gerade Arm oder Bein in Gips hat. Sei es, daß der beste Autofahrer aller Zeiten die Polizei nicht von seinem souveränen Fahrstil überzeugen konnte und wegen wiederholter Geschwindigkeitsübertretung mal kurz den Führerschein einbüßte. Unter diesen Umständen bleibt ihm nichts anderes übrig, als die Frau um Chauffeursdienste zu bitten. Er tut es nicht gern. Er fürchtet um Lack und Leben. „Ähem, Du mußt die Kupplung sanfter kommen lassen." „Paß auf den Garagenpfosten auf!" „Trittst Du immer so abrupt auf die Bremse?" „Hast Du gesehen, daß der Benzintank auf Reserve steht?" „Ich finde, Du sitzt zu dicht am Steuer." „Blinken nicht vergessen!" „Achtung, da kommt einer!" „Liebling, es ist rot." „Fahr nicht so schnell!" „Fahr nicht so langsam!" „Wie schaltest Du denn? Auch ein Getriebe hat eine Seele!" „Vorsicht, das ist eine Einbahnstraße!"

Selbst Frauen, die seit Menschengedenken ein eigenes Auto haben und damit unfallfrei fahren, sind von der tiefwurzelnden männlichen Skepsis nicht ausgenommen und müssen sich solche Fahrlehrer-Kommentare anhören.

Richtig arg wird es, wenn die Umstände es erforderlich machen, daß sie ihn in seinem Auto kutschiert: Sein Mienenspiel verrät, daß er sich fühlt wie der Besitzer eines Rassehengstes, der diesen kurzfristig von einem Pferdeschlachter reiten lassen muß.

3.

Warum können Männer nie zwei Sachen gleichzeitig machen?

Merkwürdig: Während Männer am Computer das sogenannte Multitasking perfekt beherrschen – nämlich an sieben Sachen gleichzeitig herumfummeln –, haben sie in der realen Welt die allergrößten Schwierigkeiten damit.

„Siehst Du nicht, daß ich mir gerade die Schuhe zubinde?", klagt der Mann irritiert, wenn ihn jemand fragt, welcher Tag heute ist.

„Ich kann jetzt nicht, ich schneide meine Fußnägel" empört sich der Mann, wenn er sagen soll, wo er den Zettel für die Reinigung hingelegt hat. „Er soll später anrufen, ich habe gerade die Kartoffeln aufgesetzt", wehrt der Mann ab, wenn man ihm den Telefonhörer reichen will, weil sein Bruder am Apparat ist.

Frauen dagegen sind es seit Jahrtausenden gewöhnt, gleichzeitig Gemüse zu putzen, Vokabeln abzuhören, das Telefon abzunehmen, mit der anderen Hand einen Einkaufszettel zu schreiben, zwischendurch schnell einen Knopf anzunähen und für den Familienfrieden zu sorgen mit dem legendären Satz: „Seid still Kinder, der Vater schreibt seinen Namen!"

Daß Männer zum Multitasking im Alltag gänzlich unfähig sind, ist weltweit bekannt. Daß dies auch in höchsten Kreisen ein Thema ist, wissen wir, seit der ehemalige US-Präsident Lyndon B. Johnson über seinen Konkurrenten Gerald Ford das vernichtende Urteil sprach: „Er kann nicht gleichzeitig pupsen und Kaugummi kauen."

4.

Wie Männer Gefühle ausbremsen

Früher mal dachte ich, nur meiner wäre so. Im Lauf der Zeit merkte ich dann, daß sie eigentlich alle so sind.

Schon mal mit einem Mann einen Liebesfilm geguckt? Im herzzerreißendsten Moment, wir fingern nach dem Taschentuch und seiner Hand, werden wir auf den nüchternen Boden der Tatsachen zurückgeholt: Beruhigend erwidert er unseren Händedruck und kommentiert das Melodram nicht etwa mit dem Satz „Ich liebe Dich auch!", sondern mit der Bemerkung „Ich wette, das ist an der Isar gedreht und nicht in Venedig." Oder: „Der Hund ist garantiert ausgestopft!"

Ergriffen lauscht die Frau dem Virtuosen, schluchzt beinahe mit der Geige um die Wette bei Max Bruchs Violinkonzert in b-Moll, bis das Wispern des Mannes – „Guck mal, seine Socken sind zu kurz!" – sie schlagartig aus ihren Träumereien reißt.

Die beste Freundin haucht zum dritten Mal „Ja, ich will" auf dem Standesamt und wir wissen: Diesmal ist es aber wirklich der Richtige, und kriegen feuchte Augen. Auch der Mann an unserer Seite schnieft ein bißchen – aber bloß, um leise kundzutun: „Hier stinkt's nach Desinfektionsmittel." Haben Männer keine Gefühle oder äußern sie die in einer Art Fremdsprache?

Dann müßten sie dringend einen Deutschkurs für Ausländer im Bereich der weiblichen Bedürfnisse machen.

5.

Wenn Männer Elternbesuch bekommen

Auch Männer, die die meiste Zeit des Jahres froh sind, daß zwischen ihrem Elternhaus und ihnen ein paar hundert Kilometer liegen, machen ein, zwei Mal im Jahr eine Wesensveränderung durch: immer dann, wenn ein Wochenendbesuch ihrer ehemals Erziehungsberechtigten ansteht.

Schon Tage vorher wird der Mann von ungewohnter Betriebsamkeit erfaßt. Er ölt die qietschende Tür der Besenkammer und repariert den tropfenden Wasserhahn, worum wir ihn wochenlang vergebens gebeten hatten.

Beim Abendessen fragt er aus heiterem Himmel: „Wo ist eigentlich die lila Vase mit dem Fischdekor?" Es dauert eine Weile, bis bei der Frau der Groschen fällt – zum Glück hat sie das Monstrum, ein Geburtstagsgeschenk der Schwiegermutter, nicht auf dem Sperrmüll entsorgt. Überhaupt stellt der Mann, der in Haushaltsdingen sonst nicht besonders wißbegierig ist, auf einmal eine Menge Fragen: „Haben wir wirklich genügend Kaffee Hag im Haus?" und „Hast Du auch an Mon Chéri gedacht? Die mag meine Mutter doch so gern." Und während er sonst gern und glücklich ißt, was wir auf den Tisch zaubern, beginnt er nun eine Menü-Planungsdebatte, als stehe ein Besuch der Königin von Saba ins Haus. Außerdem schlägt er vor, Operettenkarten zu besorgen. Die Frau traut ihren Ohren nicht – wo er doch sonst nur Jazz hört!

Je näher der Tag X rückt, desto hektischer benimmt sich der Sohn der Leute, die zu Besuch kommen. Er wienert seine Schuhe und räumt die Kinderzimmer auf, was er sonst aus pädagogischen Gründen strikt ablehnt. Die Sprößlinge werden angewiesen, sich fürs Wochenende nichts vorzunehmen – was in den blitzblanken Kinderzimmern für eine Stinklaune sorgt.

Und schließlich kommt er wie immer abgehetzt und fünf Minuten zu spät zum Bahnhof, weil er noch schnell die Gästehandtücher gegen nagelneue ausgewechselt hat, und muß sich von seinen ungnädig wartenden Eltern anhören: „Junge – hast wohl vergessen, daß wir kommen?"

6.

Wieso denn jetzt schon wieder?

Massenhaft müßten Maler, Polsterer, Fußbodenleger morgen Insolvenz anmelden, wenn es keine Frauen gäbe. Denn falls unser Mann nicht zufällig Baulöwe oder Anstreicher von Beruf ist, hat er mit Renovierungsarbeiten nichts im Sinn. Wieso muß die Küche gestrichen werden – wegen der paar Fettspritzer? Und die Rauhfasertapete im Schlafzimmer – abgewetzt? Ist ihm noch nie aufgefallen. Terracottafliesen fürs Bad? Also, er fand das graugrüne Linoleum immer ganz nett.

Denn er weiß genau, was auf ihn zukommt; eine massive Störung seiner Feierabende und Sonntagsruhe: Bücherregale ausräumen! Gardinen abnehmen! Schränke rücken! Tagelang über Farbkarten den Unterschied zwischen Ecru und Eierschale und Offwhite diskutieren – was für ihn eh alles gleich aussieht. Schon der Gedanke, daß ihm sein gemütlicher, speckig-brauner Cordsessel vorm Fernseher entrissen werden soll, damit er beim Polsterer ein neues, pastellfarbenes Gewand bekommt, stimmt ihn knurrig. Ebenso unfroh reagiert er auf den Vorschlag, den Motten-Perser seiner Großtante im Flur endlich durch einen hellen Sisalteppich zu ersetzen. Wird man künftig seine Schuhe nicht nur abtreten, sondern gar ausziehen müssen?

Renovieren kostet Geld. Legen Sie noch ein paar Scheine drauf und schicken Sie ihn derweil in Urlaub. Es lohnt sich.

7.

Wenn Männer einen Christbaum kaufen

Merkwürdigerweise gehört die Anschaffung des Christbaums in den meisten Familien ins Männer-Ressort. Merkwürdig, weil doch das Schmücken des Heimes an den übrigen 364 Tagen des Jahres eher der Frau überlassen bleibt. Ein Relikt aus der Zeit, da Vater noch mit der Axt loszog, um im Walde eigenhändig eine taufrische Tanne zu fällen?

Mein Mann zieht an Heiligabend nicht mit Beil und Säge los, sondern mit Rabatt-Gedanken: Kurz vor Toresschluß, so hat er sich's ausgemalt, kriegt er die edle Nordmanntanne bestimmt zum halben Preis. Denkste!

Mit den windschiefen, schütteren, kümmerlichen Bäumen, die mein Mann im Lauf der Jahre strahlend mit nach Hause brachte, könnte ich eine Denkschrift zum Baumsterben illustrieren.

Zugegeben: In unserem Wohnzimmer kommt dem Mann sein nadelndes Schnäppchen meist selber nicht mehr so großartig vor. Zumal er ihm beim Transport im offenen Kofferraum auch noch das Rückgrat gebrochen hat. „Das krieg' ich mit ein bißchen Isolierband wieder hin", verspricht er kleinlaut. Und die kahle Stelle links? „Da hängen wir Lametta drüber." Und die windschiefe Spitze? „Die schienen wir!" Gesagt, getan. Und wo er schon mal dabei ist, sägt er auch noch den Ast ab, der bereits auf den Couchtisch rieselt. Derart intensiv behandelt, verliert der Baum sein Gleichgewicht. „Macht nichts", verkündet der Mann, „wir binden ihn am Fensterkreuz fest."

Es ist auch schon vorgekommen, daß dem Last-Minute-Christbaum nichts fehlte – außer einem Kirchengewölbe. Mangels Augenmaß hatte der Mann eine XXL-Fichte herbeigeschafft, die jedes bürgerliche Wohnzimmermaß sprengte. Der gewaltige Fuß wurde – um in den Ständer zu passen – mit der Axt bearbeitet wie die Zehen der bösen Aschenputtel-Schwestern. Anschließend mußte der Baum halbiert werden.

Die übriggebliebene Hälfte haben wir Opa aufs Grab gestellt.

8.

Wenn Männer den Gürtel enger schnallen

Männer sparen anders als normale Menschen. Sie halten es für ein Zeichen hochgradiger Verschwendungssucht, wenn Frauen, die drei Dutzend Paar Schuhe besitzen, dringend ein Paar neue benötigen. Verstehen aber die Frage nicht, wieso sie einen teuren Geländewagen fahren, obwohl sie Berge nur von Ansichtskarten kennen. Männer sparen gern im Kleinen.

Nicht von hartgesottenen Geizknochen und unverbesserlichen Pfennigfuchsern soll hier die Rede sein – wer heiratet schon so was? Nein, ich meine die Männer, die ihrer Liebsten zum Geburtstag schon mal eine Perlenkette spendieren und großzügige Trinkgelder geben, aber in einem Winkel ihres Wesens einen ausgeprägten Dagobert-Duck-Tick haben.

Meine Freundin Annabelle klagt darüber, daß ihr Mann dauernd hinter ihrem fröstelnden Rücken die Heizkörper niedriger stellt und am Thermostat fürs Badewasser fummelt.

Ich kenne Männer, die den ganzen Tag hinter ihrer Frau herlaufen und nicht benötigte Lichtquellen ausknipsen. Die Stunden am Computer verbringen, um herauszufinden, mit welcher Vorwahlnummer sie 0,2 Cent einsparen. Sparkommissare, die sich stets den allerneuesten 3000-Euro-Klapprechner gönnen, aber das Druckerpapier beidseitig beschreiben und ihre Kaffeefiltertüten nach Gebrauch ausspülen zur nochmaligen Verwendung. Während sie ihre Socken zwei Tage hintereinander tragen – unausgespült. Überhaupt: Männer, die sich für gewöhnlich einen feuchten Kehricht um den Haushalt kümmern, messen gern akribisch die Waschpulver- und Spülmittelmengen nach, die ihre Frau verwendet.

Männersache ist auch die Jagd nach dem allerbilligsten Benzin. Dafür fährt mein Schwager meilenweit – ohne je die Rechnung aufzumachen, ob sich das Schnäppchen angesichts der verfahrenen Kilometer lohnt.

Geiz ist geil? Diese Irrlehre kann nur ein Mann aufgestellt haben. Von Frau zu Frau versichere ich Ihnen: Geiz törnt ab.

9.

Warum Männer nicht schön sein müssen

Eine alte Redensart besagt: Der Sexappeal des Mannes ist sein Erfolg. Nicht sein perfekt gerundeter Po oder Waschbrettbauch also. So gesehen muß das Gros der deutschen Männer sehr, sehr erfolgreich sein.

Doch selbstverständlich gibt es sie, diese rundum gut gebauten und richtig schönen Männer mit griechischem Profil und üppigem Haar. Meine Freundin Annabelle, die unblondiert und ohne Kontaktlinsen eher in die Schublade „Graue Maus" zu stecken wäre, hat zu ihrer eigenen Verwunderung so einen abgekriegt. Till ist ein Bild von einem Mann, was ihr jeder Ausflug mit ihm in den Supermarkt oder die Oper beweist: Frauen zwischen 17 und 70 drehen unweigerlich verstohlen die Köpfe nach ihm. Soll ich sie beneiden, weil der hinreißende Till von der Marktfrau immer noch einen Apfel oder Matjes extra kriegt zum bezahlten Preis? Weil Till mit den herrlich feingliedrigen und doch kraftvollen Händen von der Finanzbeamtin oder Fahrkartenschaffnerin mit Engelsgeduld und einem Lächeln behandelt wird, während unsereins barsch abgefertigt wird?

Neben mir schnarcht mein Mann. Mit seinem leicht gewölbten Bauch und der krummen Nase erinnert nichts an den tollen Till. Eher schon an den französischen Schauspieler Gérard Départdieu. Naja, wenigstens hat er noch nicht das Format des Bullen von Tölz.

Wie kommt es, so frage ich mich manchmal, daß ich einen Dépardieu oder die Volksausgabe an meiner Seite so einem richtig schönen Mann vorziehe? Obwohl der Bauchige mit der schiefen Nase aus meinem Besitz noch nicht einmal sonderlich erfolgreich ist in seinen Kontobewegungen und Frauenbekanntschaften?

Von meiner Freundin Annabelle weiß ich: Ein Adonis im Bett verursacht manch schlaflose Nacht. Und der Schlafmangel ist nicht immer dem angewandten Sexappeal zuzuschreiben. Oder zumindest nicht dem zu Hause ausgeübten. Sehr schöne Männer sind wie teure Schmuckstücke: Die Eigentümerschaft bringt Probleme. Ständig fängt man sich neidische Blicke der Art: „Was will die alte Schnepfe mit diesem tollen Typ?" Immer muß man Angst haben, daß sie geklaut werden. Am besten schaut man sich solche Sachen eben nur aus der Entfernung an.

10.

Wie das männliche Gedächtnis funktioniert

Natürlich ist es kein böser Wille, wenn der Mann nicht, wie hundertmal versprochen, nach dem Pinkeln die Klobrille wieder runterklappt oder entgegen zigfachem Gelöbnis eben doch mit den Gartenschuhen auf den weißen Schlafzimmerteppich latscht. Er hat es nur einfach vergessen. Denn das männliche Gedächtnis funktioniert anders als beim Rest der Menschheit. Männer erinnern sich an Fakten und Zahlen, nicht aber an die Farbe des Pullovers, den ihre Liebste gestern trug.

Sie wissen, wie hoch der Eiffelturm ist oder das Empire State Building, müssen aber passen, wenn sie nach der Schuhgröße ihrer Kinder gefragt werden. Sie kennen den Kurs der Daimler-Aktie auswendig, obwohl sie gar keine besitzen – sind aber überfordert, wenn sie das Parfum ihrer Frau benennen sollen. Sie können den Tabellenstand der Bundesliga runterbeten, müssen sich aber verlegen am Kopf kratzen, wenn sie den Namen vom Klassenlehrer ihres Sohnes sagen sollen oder die Öffnungszeiten der Stadtbibliothek. In ihrem Hirn ist eine große Festplatte für die Reifengröße ihres Autos, die PS-Zahl des Rasenmähers, die Byte-Zahl ihres Computers und die Weltrekordzeit im Hundertmeterlauf. Klar, daß bei so viel gespeichertem Wissen völlig überflüssiger Sachverhalte wenig Platz bleibt für die Erinnerung, daß für den Premierenabend am Freitag dringend die schwarzen Schuhe vom Schuster geholt werden müssen. Männer spucken wie auf Knopfdruck die Entfernungskilometer des Jupitermondes zur Erde aus und können die EU-Beitrittskandidaten von Nord nach Süd herunterrasseln, haben aber regelmäßig Gedächtnislücken, wenn sie sich an den Geburtstag ihrer Schwiegermutter erinnern sollen. Männer glänzen mit „Wer wird Millionär"-Wissen über die Nebenflüsse des Amazonas, tappen aber oft völlig im Dunkeln, wenn man sie fragt, wo sie eigentlich die letzte Telefonrechnung, den neuen Schal oder ihren Ehering abgelegt haben.

11.

Was Männer auf dem Kopf tragen

In anderen Ländern tun sich Männer leicht: Der Cowboy geht nicht ohne den nach ihm benannten Hut. Ein Sikh muß sich nicht groß überlegen, welche Kopfbedeckung er tragen soll – der Turban gehört für ihn zum Anzug so wie die Yarmulke für den frommen Juden.

In Deutschland trug der Mann früher den Herrenhut, der artig zum Gruß gelüpft wurde und in geschlossenen Räumen abzunehmen war. Das war den Männern lästig, und so wurde der Herr mit Hut zu einem aussterbenden Wesen. Statt dessen tragen Männer zwischen acht und achtzig heute mit Vorliebe Schirmmützen. Das Millionenheer der Kappenträger besteht aus zwei Kategorien: Zum einen gibt es die Männer mit der Bekenner-Mütze. Sie tragen ihre heißgeliebte Auto- oder Zigarettenmarke auf die Stirn geschrieben, ihren Fußballverein oder die politische Partei ihres Vertrauens. Zum andern gibt es die weitaus größere Fraktion der Etikettenschwindler.

Mein Mann besitzt eine Schirmmütze mit dem Aufdruck „Deutsche Bank", obwohl er Kunde der Sparkasse ist, und eins mit dem Logo „Kieler Woche" – auch wenn er schon beim Anblick einer Segelyacht seekrank wird. Die eine hat ein Freund bei uns liegen lassen, die andere gab's mal umsonst in der Fußgängerzone. Auf ähnliche Weise muß das Käppi mit der Aufschrift „Marathon 2004" auf den Kopf des gehbehinderten Rentners gelangt sein und die Mütze „Universität Lund" aufs Haupt des Schluckspechts, der sich auf der Parkbank vor Aldi täglich seinem Sechser-Pack statt irgendwelchen Studien widmet.

Mein Nachbar trägt beim Autowaschen ein Hütchen vom „Bali Hilton", obwohl er noch nie über Österreich hinausgekommen ist, und sein Sohn läuft Werbung für „Tiger Woods", wenngleich sein Abschlag nur auf dem Minigolfplatz stattfindet. Wieso hat der Mann mit der Schrottlaube eine Ferrari-Kappe auf und der beleibte Herr mit Glatze eine Kopfbedeckung, die ihn als „California Dreamboy" beschreibt? Ganz einfach: Wunschdenken!

12.

Wie Männer von Festen erzählen

Als berufstätige Frau oder Familienmanagerin – wie auf Neudeutsch die Hausfrauen und Mütter heißen – kann man nicht alle reizvollen gesellschaftlichen Veranstaltungen zusammen mit seinem Partner wahrnehmen: mal verlangt unser Chef Überstunden, mal hat unsere Jüngste Mumps. Also geht unser Mann allein zu dieser Vernissage, Hochzeit, Mega-Party. Ausgehungert fragen wir am nächsten Tag nach allem, was uns entgangen ist. Das ist wie Zähneziehen. „Wie war's?" – „Ganz nett."

„Ist Ulla noch mit Robert zusammen?" „Keine Ahnung – sie waren jedenfalls beide da, glaub' ich." „Was hatte die Braut an?" „Was Weißes." „Was gab's zu essen?" „Na, so ein Buffet halt." „Geht es Gernots Mutter besser?" „Haben wir gar nicht drüber gesprochen. Aber eins muß ich Dir unbedingt erzählen: Der Gernot hat eine neue Triumph mit Rückspritzmotor und sieben Gängen. Aber das ist noch gar nichts: Er sagt, sein Bruder hat das gleiche Modell mit verchromtem Auspuff und digitalem Bremssystem, die macht auf der Autobahn glatt 220 statt 210, wie's im Katalog steht. Und sein Schwager hat eine Harley, die ..." Hier unterbrechen wir leicht genervt mit der Frage: „Und wie hat Waltraud unser Geschenk gefallen?" „Oje, ich glaub', das liegt noch bei mir im Kofferraum."

13.

Wenn Männer bockig sind

Männer lassen sich nicht gern belehren, das weiß jede gestandene Frau. Sie belehren lieber selber. Das ist der wahre Grund – mal abgesehen von dem bißchen Sex –, warum sich ältere Herren so gern mit ganz jungen Frauen umgeben. Die können sie mit dem reichen Schatz ihrer Lebenserfahrung zutexten, ohne dafür nur ein Gähnen zu ernten oder den Satz „Liebling, das hast Du mir schon hundertmal erzählt."

Wer bezweifelt, daß Männer lieber selbst den Ton angeben statt zuzuhören, braucht nur mal in eine Volkshochschule zu gehen: Wer lernt dort Fremdsprachen, läßt sich in allen möglichen Fertigkeiten von der Ayurveda-Massage bis zum Zitherspielen unterrichten? Frauen, so weit das Auge reicht. Männer können entweder schon alles oder könnten es zwar gern, wollen sich aber nicht freiwillig einem Lehrer unterordnen.

Nun läßt es sich bei einem zivilisierten Lebenswandel nicht ganz vermeiden, daß man sich gelegentlich belehren lassen muß. Bisweilen hat man sogar dafür bezahlt. Hochkarätige Kunstsammlungen oder Baudenkmäler, Bibliotheken oder Naturwunder darf man nur mit Führung besichtigen und auch bei Stadtrundfahrten, Safaris oder Trekkingtouren geht's nicht ohne. Und wer steht im Dom zu Mailand oder in der Verbotenen Stadt von Peking betont gelangweilt abseits und liest im mitgebrachten Führer? Wer trottet mit geringschätziger Miene in der letzten Reihe und mosert über den schwer verständlichen Guide? Wer steht in der ersten Reihe und verbessert pausenlos das Deutsch des Vortragenden? Wer kräht ständig „Der Bus kommt!", obwohl weit und breit keiner zu sehen ist? Wer nervt den Reiseführer mit spitzfindigen Fangfragen oder Beschwerden übers Hotelfrühstück, während dieser gerade eine Heiligenfigur erklären möchte? Wer hält sich nicht ans Fotografierverbot und verläßt das Museum schon nach fünf Minuten, um einen Biergarten zu suchen? Der Störenfried ist fast immer ein Mann, der demonstrieren muß, daß er zum Leithammel geboren ist und sich außer von seinem Chef und seiner Frau von niemandem was sagen läßt.

14.

Was Männer glücklich macht

Was Frauen glücklich macht, wissen wir: ein Besuch beim Friseur zum Beispiel – falls das Ergebnis fulminant ist. Wenn nicht, kann ein verunglückter Haarschnitt Frauen freilich auch in Identitätskrisen stürzen.

Ein Mann geht meines Wissens niemals seelisch gebeutelt aus dem Coiffeursalon. Auch eine weiße Orchidee an einem gewöhnlichen Dienstag oder ein Flakon seines Lieblings-Duftwassers rufen bei ihm – anders als bei uns –

kein freudiges Herzklopfen hervor, sondern stimmen ihn eher mißtrauisch. Welche Attacke haben wir auf ihn vor? Oder hat er etwa den Hochzeitstag vergessen?

Was Männer auf Anhieb in Brillant-Laune versetzt, das sind ganz andere Dinge – wenn Auto-Bild den Toyota, den er sich grad gekauft hat, zum Auto des Jahres kürt; wenn Stiftung Warentest bestätigt, daß er die günstigste Hausratversicherung auf dem deutschen Markt abgeschlossen hat; wenn der Fußballverein, den er zwar nicht körperlich oder finanziell, dafür aber seelisch nach Leibeskräften unterstützt, den Aufstieg in die Champions League schafft. Wenn er mit einem Trick den bockenden Heimcomputer zum Laufen kriegt, an dem sich die Frau vergebens abgearbeitet hat. Wenn er auf einem Illustriertenfoto entdeckt, daß Gunther Sachs mit derselben Kamera fotografiert wie er.

Kurzum: Was Männer glücklich macht, ist recht haben und kriegen.

15.

Warum lesen Männer auf dem Klo?

Wenn sich Frauen länger kennen, kommt es gelegentlich zu Stoßseufzern der Art: „Macht das Deiner auch immer?" Gemeint sind urmaskuline Eigenschaften, die aus weiblicher Sicht unerwünscht sind: Sockenverlieren, Töpfe anbrennen lassen, Zappen oder Lichthupen auf der Autobahn. Vom Erfahrungsaustausch dieser kleinen Ärgerlichkeiten des Alltags ist es dann nicht mehr weit bis zu einer großen Menschheitsfrage: Warum lesen Männer auf dem Klo?

Statistiken aus aller Herren Länder beweisen, daß Männer eigentlich viel zu wenig lesen. Buchhandlungen leben von Frauen. Romane sind schon gar nicht an den Mann zu bringen. Die sind ihm zu lang. Man kann sie nicht auf dem Klo durchlesen. Was ein behender Leser mit der TAZ oder FAZ immerhin noch schafft. Aber warum gerade dort? Wir kennen gewisse medizinische Ratschläge für Menschen mit problematischer Verdauung, möchten auf dies intime Thema jedoch nicht eingehen – wer Muße zur Verrichtung von Notwendigkeiten braucht, könnte schließlich auch die Augen schließen und meditieren, anstatt die Tageszeitung für die ganze Familie vom Eßtisch aufs Klo zu schleppen. In völliger Verkennung der körperlichen, geistigen und vor allem ästhetischen Bedürfnisse ihrer Besucher halten manche Männer (und selbst

Lokale) sogar eine kleine Bibliothek auf dem Gäste-WC bereit – besonders gern ein Sortiment von Comics.

Da es an Wissenschaftsliteratur zum Thema „Lesende Männer hinter geschlossenen Türen“ mangelt, bin ich gezwungen, eigene Thesen aufzustellen:

Kommt der Mann aus einer kinderreichen Familie in beengten Wohnverhältnissen und war der Lokus der einzige Ort, an dem er ungestört von Erziehungsberechtigten in „Lady Chatterley“ oder „Lolita“ schmökern konnte?

Stammt sein Leseverhalten eventuell aus der schlechten Zeit, als feines, weißes, doppellagiges Hakle ein Luxusartikel war und das Gros der Bevölkerung sich mit Zeitungspapier begnügen mußte?

Und weil Zeitungsauflagen rückläufig sind: Müssen wir damit rechnen, daß sich der Mann bald einen Internet-Anschluß aufs Klo legen läßt?

16.

Wenn Männer sich mal Mühe geben

Männer, die aufregende Geschenke machen können, sind so rar wie Weihnachtsmänner in der Wüste Gobi. Ich meine Geschenke, die das Herz zum Doppelschlag bringen (ein Prada-Täschchen zum Beispiel) oder einem Tränen der Rührung in die Augen treiben (etwa Saphir-Ohrringe). Gewöhnlich müssen wir uns – „Liebling, ich kenne doch Deine Größe und Deinen Geschmack gar nicht so genau!" – mit so pragmatischen Gaben wie einem Kochbuch, einem Last-Minute-Parfümerie-Geschenk oder Schlimmerem begnügen.

Nachdem ich letztes Jahr die Grundsatzerklärung abgegeben hatte, Gegenstände mit Steckern dran nicht mehr als Geschenke zu verbuchen, sondern als Haushaltssubventionen, blieb ich endlich von Tischstaubsaugern, Eierkochern, Folienschweißgeräten verschont. Letzte Weihnachten durfte ich mit glänzenden Augen die taillierte Lederjacke meiner Träume aus dem Geschenkpapier wickeln. Saß wie angegossen.

Beim Neujahrsspaziergang – ich in der todschicken neuen Jacke – grüßt eine unbekannte Frau den Mann an meiner Seite mit verschwörerischem Lächeln. Der Mann wird rot. Ich werde blaß. Er beginnt zu stottern.

Es war nämlich so: Da er meine Konfektionsgröße vergessen hatte, lungerte er so lange im Laden herum, bis er eine Frau entdeckte, die in etwa meine Figur hatte. Das sei gar nicht so leicht gewesen, schließlich habe er zig Damen beobachten und warten müssen, bis die sich aus ihren dicken Wintermänteln geschält hatten. Sprach die Erwählte an und zog ihr die Jacke über. Paßte. Ob die lächelnde Unbekannte dies für eine neue Masche der Anmache hielt? Ich kann sie nicht fragen, sie ist schon längst um die Ecke.

Sie werden sicher verstehen, daß ich meinen diesjährigen Wunsch nach einem spitzenbesetzten La-Perla-BH mit passendem Höschen daraufhin für mich behalten und mir selber gekauft habe.

17.

Warum müssen Männer zeigen, daß sie's überall können?

Schließen Sie kurz die Augen und versuchen Sie, sich zu erinnern: Wann haben Sie zum letzten Mal eine Dame aus der Toilette im Zug oder Kaffeehaus kommen sehen, mit dem Rock auf den Hüften oder der Hose auf Halbmast? Eine Frau, die in aller Seelenruhe ihren Slip justiert, während sie dabei Bekannte grüßt? Es muß sehr lange her sein, dieses Erlebnis, und vermutlich haben Sie es mental verbucht als Begegnung mit einer leicht Gestörten. Und wann haben Sie zum letzten Mal einen Herrn gesehen, der einen öffentlichen Waschraum verläßt und sich gemütlich, ohne übertriebene Eile, zuknöpft oder zuzippt? Wahrscheinlich gestern.

Als ich klein war, gab es an dunklen Häuserecken bisweilen Anschläge, auf denen zu lesen stand: „Urinieren verboten". Diese Schilder waren nicht angebracht, weil sich etwa dort reihenweise Frauen in die Hocke begeben hätten. Und daran hat sich nichts geändert. Auf jeder Autobahn-Raststelle sieht man im öffentlichen Grün den Mann mit den gespreizten Beinen, der gegen einen Baum zielt, und eine nervös um sich guckende Frau. Im allgemeinen will er nur die Eintrittsgebühr für das dazu vorgesehene Etablissement sparen. Oder er behauptet, dort sei es ihm zu unappetitlich. Was ist aber appetitlich an dem ungebeten gelieferten Beweis, daß ein Mann es schnell und überall im Stehen kann?

Moment: Hören wir da was von Prüderie murmeln? Quatsch. Frauen sind heutzutage bis zum Abwinken immunisiert gegen die Mysterien, die sich hinter einem Hosenstall verbergen. Jede Saunagängerin, jede Frau, die einen modernen Fitnessclub mit Schwimmbad besucht, kann, muß oder darf sich täglich eine breitgefächerte Auswahl zeigen lassen. In diesen Institutionen ist es nämlich dasselbe: Während Frauen ihr Handtuch erst im letzten Moment vor der dampfenden Dämmerung oder den temperierten Fluten fallen lassen, geht der entblößte Mann am liebsten mit dem Handtuch um die Schultern aus der Umkleide hervor.

18.

Wenn Männer krank sind

Keiner der Männer, mit denen ich je das Vergnügen hatte, hatte einfach mal einen Schnupfen. Es war dann stets eine schlimme Stirnhöhlenentzündung. Ein bißchen Husten? Fehlanzeige. Unter einer Bronchichtis mit drohender Lungenentzündung tun es Männer nicht. Leichtes Bauchweh heißt bei ihnen Blinddarmreizung, Kopfweh mindestens Migräne.

Der kranke Mann im Haus hat zwei Gesichter. Typ A ist der matte Schmerzensmann, der nur noch mit gebrochener Stimme spricht und sein Gesicht in verblüffende Kummerfalten legen kann, so daß man am liebsten nach der letzten Ölung rufen möchte. Typ B ist der Kranke, der unablässig auf seine Patientenrechte pocht und ständig frische Säfte, Wadenwickel, Eisbeutel, erbauliche Lektüre und Lieblingsspeisen fordert. Beide Typen sind für eine normale Frau nicht leicht zu ertragen.

Mit Vorliebe schreibt sich der Mann übrigens am Wochenende krank – da braucht er kein Attest für die Firma, um seine Leiden auszuleben und die Frau an seiner Bettseite auf Trab zu halten. Und besonders gern läßt ihn die Gesundheit im Stich an Tagen, wo ein lang verabredeter Besuch bei nicht sonderlich geschätzten Verwandten geplant war. Auch Direktübertragungen von Formel-1-Rennen oder Box-Weltmeisterschaften haben eine fatale

Auswirkung auf den Krankenstand in der männlichen Bevölkerung.

Ja, ich weiß, daß es auch jede Menge weiblicher Hypochonder gibt – die Wartezimmer sind voll davon. Aber genau das ist der kleine Unterschied: Die angeblich todkranken Männer lassen nämlich keinen Arzt an sich heran. Aus gutem Grund. Der würde ihnen womöglich klarmachen, daß ihr dramatisches Gebrechen nur eine kleine Unpäßlichkeit ist. Und das wollen sie nun wirklich nicht hören. Männer wollen lieber jammern als womöglich eine bittere Arzei verschrieben zu bekommen, die sich vermutlich nicht mit ihrer Selbstmedikation eines steifen Grogs verträgt. Außerdem ist es schwierig, das häusliche Pflegepersonal zu Höchstleistungen anzuspornen, wenn die unentgeltliche Krankenschwester den Verdacht hegt, das lebensbedohliche Leiden hieße vielleicht Wehleidigkeit ...

19.

Warum wollen Männer so gerne grillen?

„Heute abend grillen wir“, sagt der Mann. Die Frau ist zunächst sehr angetan: Da bleiben die frisch geputzte Küche kalt und sauber und die frischlackierten Fingernägel makellos. Denn Grillen ist bekanntlich seit Anbeginn der Menschheit Männersache.

Die ursprüngliche Freude legt sich spätestens, wenn die ersten dicken Qualmwolken vom Balkon oder der Terrasse her in die frühlingsfrische Wohnung schweben. Nicht nur bei uns, sondern offenkundig auch bei der notorischen Zicke aus dem vierten Stock nebenan, die uns per Telefon eine Standpauke hält über die Bedrohung ihrer asthmatischen Katze und ihrer weißen Gardinen. Die Zicke hat keinen Mann, deswegen weiß sie nicht, daß Frauen vollkommen machtlos danebenstehen, wenn Männer und ihre Freunde sich dem Grillgeschäft widmen. Der liebe Gott hat den gemeinen Mann nicht mit der Fähigkeit ausgestattet, irgendwo ein kleines, feines, kontrolliertes Feuer zu entfachen. Um vier Hamburger zu grillen, verursacht der Mann eine Feuersbrunst wie bei Schiller: Und es wallet und siedet und brodelt und zischt, wie wenn Wasser mit Feuer sich mengt ... Bloß daß bei uns gewöhnlich kein Wasser im Spiel ist, sondern Bier. Das, so sagt Freund Otmar, gibt nämlich dem Feuer erst den richtigen Drive, sowohl innerlich wie äußerlich angewendet. Benno wiederum schwört auf Grappa zum Entfachen von Glut auf dem Grill und im Bauch des Rotisseurs. Uns fragt keiner. Wir nämlich würden angesichts der lodernden Flammen, die jeden Moment auf die Kübelpflanzen überzugreifen drohen, gern den Vorschlag machen, eine gepflegte Bratwurst und ein paar Hühnerbeine vom Schnellimbiß zu holen. Wir trauen uns aber nicht. Ein paar Mal im Jahr muß auch ein stubenreiner, domestizierter Mann die Gelegenheit kriegen, seine Urzeit-Instinkte auszuleben. Um des lieben Friedens willen lieber am Grill als am Steuer oder sonstwo in der freien Wildbahn.

Und weil wir keine Zicken sein wollen, essen wir mit tapferer Miene unsere Große Koalitionswurst: außen schwarz und innen rot, mit leichtem Benzingeschmack.

20.

Weshalb man Männern immer einen Zettel mitgeben muß

In den meisten Partnerschaften sind die lästigen Hausaufgaben fest verteilt: Sie kümmert sich ums Waschen und Bügeln, er ums Auto und die Steuererklärung. Dank der Emanzipation kennen wir freilich auch Verhältnisse, wo er ein hervorragender Staubsauger und Knopfannäher ist, während sie eine ausgebuffte Behördenbrief-Schreiberin und Verstopfte-Ausgüsse-Beseitigerin ist. Gekocht und eingekauft wird bei vielen Paaren heutzutage abwechselnd. Daß Männer Talent am Herd haben ist bewiesen. Mit dem Einkaufen aber ist es so eine Sache.

Die wenigsten Männer sind geeignet, ohne detaillierten Einkaufszettel auf den Weg geschickt zu werden. Man kann einen Mann nicht einfach bitten, ein bißchen Schinken zu holen fürs Sonntagsfrühstück. Der Mann bringt entweder 50 Gramm für acht Personen oder ein Kilo für zwei. Es ist sogar riskant, ihn bloß ein Brathähnchen besorgen zu lassen – mein Einkäufer kommt regelmäßig mit einem uralten Suppenhuhn zurück, weil ihn das Preis-Gewichts-Verhältnis geblendet hat. So wie Sonderangebote überhaupt. Man hat schon von Männern gehört, die von Aldi mit einem unglaublich günstigen Rasenmäher nach Hause kamen. Für den Fall, daß man sich einmal einen Garten zulegen würde. Oder mit Strumpfhosen Größe 48 für ihre elfenzarte Frau. Außerdem tätigen Männer gern unautorisierte Neigungskäufe. Sie bringen von jedem Gang in den Supermarkt Bananen oder Dübel, Bleistifte, Socken oder Joghurt mit, weil man davon ja nie genug haben kann. Daß es statt dessen daheim an Klopapier fehlt, merken sie erst beim letzten Blatt.

Als wir neulich bei meiner Schwester die Wohnung renovierten und die Farbe zu Ende ging, wurde mein Schwager losgeschickt, um neue zu kaufen. Er kam wieder mit einem lebenden Karpfen. War ein unwiderstehliches Angebot auf dem Wochenmarkt nebenan gewesen. Statt die Schlafzimmertür zu streichen, mußte die Badewanne gefüllt werden. Die Tür ist bis heute ungestrichen und der Karpfen hatte Würmer.

21.

Warum Männer nie nach dem Weg fragen können

Seit einer Stunde kurvt das Paar durch Würzburg und sucht die Karmelitenstraße. Seit einer Dreiviertelstunde drängt die Frau den Mann, einen Passanten zu Rate zu ziehen. Aber nein, hartnäckig besteht der Mann darauf, mit Hilfe seines Uralt-Stadtplans, auf dem noch keinerlei Einbahnstraßen eingezeichnet sind, die Adresse zu finden. Schließlich hat er vor zwanzig Jahren hier mal ein Semester studiert und es wäre doch gelacht, wenn er mit seinem ausgezeichneten Orientierungsinn diese verfluchte Straße nicht fände ...

Seit drei Tagen brütet der Mann über der Gebrauchsanweisung für die neue Digitalkamera. Die liest sich, wie solche Broschüren oft, als habe ein Legastheniker sie aus dem Sanskrit ins Deutsche übersetzt. Mitleidig sagt die Frau: „Geh doch einfach noch mal in den Laden und laß es Dir erklären. Oder ruf Bruno an, der hat doch das gleiche Modell." Und kriegt als Antwort die gereizte Frage, ob sie etwa an seinem technischen Sachverstand zweifle.

Auf dem Flughafen ist Hochbetrieb und ihm fällt siedend heiß ein, daß er vor dem Abflug noch einen wichtigen Brief aufgeben muß. Wie eine angestoßene Billardkugel saust er durch Ankunfts- und Abflughalle auf der Suche nach dem Postamt und verpaßt darüber seinen Flieger – statt einfach mal jemanden zu fragen.

Drei Minuten vor Ladenschluß im Supermarkt: Der Mann soll schnell noch ein Päckchen Hefe für die Frau mitbringen. Er wühlt vergebens in der Tiefkühltruhe, kramt wütend beim Brot – und bräuchte doch nur die nächstbeste Hausfrau zu fragen um zu hören, daß die Hefe bei der Butter steht …

„Selbst ist der Mann" heißt die Devise – und das wäre ja auch ganz schön, wenn sich nicht ausgerechnet Männer mit einem miserablen Orientierungssinn so gern als Autopilot versuchten, wenn sich nicht vor allem Männer mit Scheuklappen brüsteten – „Ich hab doch schließlich Augen im Kopf" –, wenn sich nicht Männer mit einer Fünf in Physik lieber einen Stromschlag holten als den versierten Nachbarn zu fragen, wie man die Bügeleisenschnur repariert.

22.

Was Männer an den Füßen haben

Weltweit sind Schuhmacher, Schuhputzer und Schuhfetischisten männlichen Geschlechts. Andererseits spielen schon im Kindergarten nur Mädchen das Spiel „Zeigt her Eure Füßchen, zeigt her Eure Schuh". Und nur Frauen (viele!) haben einen ausgewachsenen Schuhtick wie Imelda Marcos oder Carrie aus „Sex and the City". Den meisten Männern ist es zeitlebens egal, ob sie schick oder schlunzig zu Fuß sind.

Der normale deutsche Mann gibt für Joggingschuhe oder Skistiefel mehr Geld aus als für ein anständiges Paar Mokassins oder Budapester. Leider. In seiner Fußbekleidung demonstriert er eine Genügsamkeit, die ihm in vielen anderen Dingen fremd ist. Er schlüpft tagtäglich in einen biederen Schnürschuh oder in einen Verschnitt aus Tennis- und Basketballschuh, obwohl er keine dieser Sportarten betreibt. Oder er läuft das ganze Jahr in Wildlederstiefeln herum, so als wolle er nicht ins Büro, sondern aufs Matterhorn. Daß Sandalen mit Socken mega-pfui sind, hat sich inzwischen zwar auch bis zum letzten Spießer herumgesprochen. Aber sind bleiche, behaarte Hammerzehen in Birkenstocks so viel schöner? Wir können noch von Glück reden, daß die Flipflop-Mode barmherzigerweise vor der Herrenschuh-Abteilung haltgemacht hat. Es genügt, daß Geschwader von Frauen mit den ersten Sonnenstrahlen ihre Stiefel und Pumps ablegen und im quietschenden Watschelgang durch die City latschen.

23.

Wozu Männer eine Fernbedienung brauchen

Die Machtfülle der Männer hat im letzten Jahrhundert dramatisch abgenommen. Vorbei die Zeiten, da Männer das verfassungsmäßige Recht hatten, die Konten ihrer Frauen zu kontrollieren, ihnen Berufstätigkeit zu untersagen oder sie im Falle eines klitzekleinen Ehebruchs ohne Unterhaltszahlung zu verstoßen; Vater bekam bei Tisch das größte Stück Fleisch und selbstverständlich wurde ihm die Zeitung zuerst vorgelegt. Von all diesen Privilegien ist ihm nichts geblieben – also mußte Ersatz her. Den liefert das Fernsehen.

Zu den meistverbeiteten ehelichen Machtproben gehört das Scharmützel um die Fernbedienung des TV-Geräts. Meist gewinnt der Mann diesen je nach Temperament stummen oder lautstarken Zweikampf. Trickreich versteckt die Frau das Ding zwar immer wieder unter Sofakissen und Zeitungen, um endlich mal ungestört den Rosamunde Pilcher-Film gucken zu können, ohne daß der Mann ständig dazwischenfunkt und Schiedsrichter-Skandale oder Boxkämpfe einblendet. Nützt aber nichts – während er ständig vergebens seine verlegte Brille oder Brieftasche sucht, hat er eine geradezu übernatürliche Witterung für das Versteck der Fernbedienung. Denn für die meisten Männer wird Fernsehen erst durch Zappen schön.

Mit dem kleinen schwarzen Kästchen kann der Mann machen, was ihm sonst verwehrt wird: andere mitten im Satz unterbrechen, sie mundtot machen, sie virtuell zum Mond schießen.

24.

Wieso wollen Männer nur so selten?

Verbal ist die Hilfsbereitschaft der meisten Männer einfach großartig. Gern tönen sie im Verwandten- und Freundeskreis: „Bei uns zu Hause putze ich die Fenster" oder „Der Staubsauger bin ich". So weit, so gut.

Was einem Mann allerdings nicht in den Kopf will, ist der Umstand, daß der Wohnzimmerteppich öfter als zweimal im Jahr gesaugt werden muß und eine Mülltüte rausgebracht werden muß, wenn sie voll ist, und nicht erst, wenn sie platzt.

Im Prinzip akzeptieren nette Männer ja ihre Haushaltspflichten – bloß drücken sie sich um deren Erfüllung stets mit echtem oder gespieltem Erstaunen: „Ach, ist das Mineralwasser schon wieder alle?" „Aber ich hab doch erst letzten Dienstag gefegt!" „Meinst Du wirklich, die Kartoffeln reichen nicht übers Wochenende?" „Der Hund war doch grad erst draußen!" „Bei dem Wetter lohnt es sich doch gar nicht, die Fenster zu putzen/den Gehweg zu streuen/das Auto zu waschen." „Ich hab gar nicht gemerkt, daß die Spülmaschine gelaufen ist!" Wer's glaubt, wird selig. Schließlich mußte er seinen Tee schon aus einem Saftglas trinken, weil alle Tassen in der Maschine sind …

Die gute Nachricht ist: Moderne Männer helfen im Haushalt mehr als alle Generationen vor ihnen. Die schlechte Nachricht ist: Sie funktionieren nur mit Kickstart.

25.

Warum Männer immer das Auto packen müssen

Am Wochenende geht es los! Zum Skilaufen in die Berge oder alte Freunde in Berlin besuchen. Wir wollen mit dem Auto fahren und überlegen, was mitzunehmen ist.

Während unser Mann sich gemeinhin überfordert fühlt, wenn er einen Stapel Handtücher ordentlich in den Schrank räumen soll oder auch nur den Kühlschrank-Inhalt übersichtlich gestalten, macht er sich fast immer gebieterisch anheischig, eigenhändig das Auto zu packen. Frauen sehen das mit Grauen: Sie haben sehr ungute Erfahrungen mit den Verstau-Systemen der Männer. Nach dem Großeinkauf im Supermarkt liegen die Tomaten und Bananen immer ganz unten, hübsch plattgemacht von der

Kiste Mineralwasser; die Tiefkühlware steckt der Mann ins Handschuhfach, damit er nicht vergißt, sie als erstes rauszunehmen. Was dazu führt, daß man seine Rehleder-Handschuhe wegwerfen kann, weil der penetrante Geruch nach wochenlang vergärten Scampi nie wieder wegzukriegen ist.

Beim Autopacken murmeln Männer was von der Trägheit der Masse und physikalischem Verständnis, was außer der Bundeskanzlerin keine Frau so richtig hat. Der Atlas liegt dann immer unter dem schwersten Koffer und dem Reserverad, der Waschbeutel ist nur zugänglich nach komplettem Entladen der Bananenkartons voller Kaminholz, Computerzubehör und 47 Krimis als Ferienlektüre.

Neben dem „Was-Wie-Wohin" beim Packen sorgt auch die Frage „Wann?" für Zündstoff in Zweierbeziehungen. Es gibt Männer, die für einen Zwei-Tages-Trip nach Zürich schon eine Woche vorher die fix-und-fertig gepackte Reisetasche der Frau einfordern; andere bringen ihre Mitreisenden zur Verzweiflung, weil um Mitternacht (im Morgengrauen soll es auf dem Landweg für sechs Wochen nach Griechenland gehen) noch kein Teil im Auto verstaut ist.

Frauen sehen das, wie gesagt, mit stillem Grauen. Halten sich mit ihren Kommentaren jedoch zurück. Denn erstens soll man nie und nirgends das männliche Selbstbewußtsein zerstören. Und zweitens lieber auch nicht seine Leistungsfähigkeit. Wie er das hinkriegt, neben den Fahrrädern auf dem Dach auch noch das Vertiko und die Duschkabine fürs Ferienhaus zu befestigen – also, das hätten wir nicht gekonnt!

26.

Was Männer partout nicht können

Männer können zwar erstaunliche Dinge vollbringen – zum Beispiel Autoreifen wechseln oder eigenhändig eine Hundehütte zimmern – aber sie versagen kläglich, wenn sie einen simplen Auftrag kriegen wie: „Schau in den Kühlschrank und kauf', was fehlt!" Erfahrene Frauen wissen, daß sie dann Rollmops mit Honig frühstücken müssen.

Dramatische Fehlschläge erleben wir auch beim Versuch, dem Mann für eine Woche unserer Abwesenheit das Blumengießen zu überlassen. Bei unserer Rückkehr sind Bonsai oder Zimmerpalme entweder ersoffen oder vertrocknet. Denn mit einem Ausdruck „so viel wie nötig" oder „nach Gefühl" können Männer rein gar nichts anfangen – sie sind genetisch so programmiert, daß sie strikte Maßvorgaben in Gramm und Zentilitern und Euro brauchen. Und selbst das ist keine Erfolgsgarantie. Er soll die Schreibtischlampe zum Geburtstag seiner Schwägerin abholen; wir beschreiben das Teil genau: weißer Schirm, Messingfuß, die Verkäuferin mit dem grauen Pferdeschwanz weiß Bescheid. Womit kommt er wieder? Mit einer orangefarbenen Tütenleuchte! Die kostete auch 49,90. Das war das einzige, was er sich gemerkt hatte.

Fazit: Für Alltagsaufgaben sind Männer überqualifiziert. Das ist vornehmes Arbeitsamtsdeutsch für: schlichtweg ungeeignet.

27.

Wenn Männer abheben

Zu den Standardklagen feinfühliger Frauen gehört die Betrübnis, daß der Mann ihres Herzens – oder derjenige, der es erst noch werden soll – in den meisten Belangen von Tisch und Bett durchaus passabel ist. Am Telefon jedoch ein kompletter Versager. Eine emotionale Null. „Sag, vermißt Du mich?" Man muß schon Glück haben, wenn er „Hm" antwortet statt „Wieso?" oder „Was? Weiß nicht, ich seh' grad UEFA-Cup."

Und wenn Frauen ausholen zu einer begeisterten Schilderung ihrer neuen Frisur oder einem Treffen mit interessanten Leuten, reagieren Männer gern wie die Mahnung in alten Telefonzellen – „Fasse Dich kurz!" – und finden, das könnte man doch auch heute abend erzählen. Wem das Herz voll ist, dem geht der Mund über, sagt ein Sprichwort. Wenn das stimmt, haben Männer höchstens halbvolle Herzen – zumindest telefonisch.

Selbst Männer, von denen wir akustische Streicheleinheiten weder erwarten noch begehren, verschrecken uns bei Anruf mit einem gebellten „Ja!!!" oder einem markigen „Breitfeld hier!", als hätte man sich auf einen Kasernenhof verirrt. Sie melden sich mit einem barschen „Ich höre!" oder mit einem genervten „Wer stört?" – was wahrscheinlich auch noch originell sein soll, um Himmels willen. Sogar die Art und Weise, wie ein Anrufbeantworter besprochen wurde, verrät den hormonellen Unterschied:

„Hinterlassen Sie eine Nachricht!" befiehlt der Mann. „Leider bin ich im Moment nicht persönlich anwesend, aber sprechen Sie gern aufs Band, was Sie auf dem Herzen haben ..." säuselt die Frau.

Männer sind langen Telefongesprächen abhold, Frauen aller Altersklassen lieben sie. Es muß genetisch sein: wer Kinder hat, weiß, daß schon die kleinen Mädchen stundenlang am Hörer hängen (zum Beispiel mit der Freundin, von der sie sich erst vor zehn Minuten auf dem Schulweg getrennt haben), während die Jungs nur kurz und bündig eine Verabredung reinbrummeln.

An dieser Veranlagung ändert sich bis zum Einzug ins Altersheim nichts mehr.

28.

Wenn Männer ihres Amtes walten

Was gibt's bei Ihnen zu Weihnachten? Karpfen? Kartoffelsalat mit Würstchen? Gut für Sie. Eine krisenfreie Wahl. Bei uns wird seit Generationen Gans gewünscht. Das ist etwas problematisch. Nicht wegen der paar Kalorien. Sondern weil der Familienfrieden dabei stets auf Messers Schneide steht. Und das ist ganz wörtlich zu verstehen.

Man kennt das Bild aus unzähligen harmlosen Familienfilmen: Auf dem festlich gedeckten Tisch dampft der knusprige Braten; Vater krempelt die blütenweißen Ärmel auf und greift zum Messer ... Leider endet hier alle Ähnlichkeit zwischen Kino und realem Leben. Denn während der Mann auf der Leinwand mühelos perfekte Scheiben schneidet, als hätte er sein Lebtag lang nichts anderes getan, säbelt der unsere wild drauflos. Der erste Fettspritzer trifft die neue Krawatte. Das Messer knirscht auf dem Knochen. Die Fülle quillt hervor, der Saft tropft auf den Fußboden.

Tranchieren ist eine der letzten Bastionen der Männlichkeit. Obwohl Frauen im allgemeinen viel intimere Kenntnisse der Anatomie des Bratens haben – schließlich haben sie ihn stundenlang zubereitet. Aber in den meisten Männern steckt ein kleiner Hobby-Chirurg oder Fernsehkoch, der sich zu Weihnachten ausleben will.

Je nach Selbstbewußtsein des Mannes findet der Tranchier-Vorgang ohne Zuschauer in der Küche oder aber vor Publikum am Tisch statt. In jedem Fall verbietet es die Diplomatie der Frau, angesichts des Gemetzels zu seufzen: „Hör mal, Gänseklein sollte es erst morgen geben." Merke: Wenn die Operation Weihnachtsgans nicht wie geplant verläuft, ist grundsätzlich die Köchin schuld oder das zu stumpfe Messer und nicht der blindwütige Metzger. Ebenso verkehrt wäre es, mit Rücksicht auf den Weihnachtsfrieden zu sagen: „Laß mich mal lieber ..." Besser, Sie verteidigen ihn vor grinsenden Kindern und Gästen mit dem Satz „Herbert tranchiert heute auf chinesische Art."

29.

Warum wollen bloß so wenige Männer tanzen?

Solche Männer existieren – auch wenn ich selber noch nie einen ergattern konnte. Ich kenne sie leider nur aus Film und Fernsehen. Irgendwo hinter den sieben Bergen, bei den sieben Zwergen muß es sie geben, diese rare und begehrte Sorte Mensch: Männer, die gern tanzen.

Ich meine Männer, die gern und gut tanzen. Nicht die Viva-España-Gröhler, die sich bierselig schwankend und mit Hossa-Gebrüll einer Frau nähern wie ein entlaufener Tanzbär.

Die Männer in meinem Leben und in denen meiner Freundinnen tanzen niemals freiwillig. Es gibt da so Erinnerungen aus grauer Vorzeit, aus der herzklopfenden Zeit des Kennenlernens. Da tanzten sie wie junge Götter. Diese Fähigkeit kommt ihnen abrupt mit der Hochzeit abhanden. Seither meiden sie Veranstaltungen, auf denen zum Tanz gebeten werden könnte, wie der Teufel das Weihwasser.

Was nicht immer möglich ist. Wenn der Erb-und Patenonkel (ein ehemaliger Turniertänzer!) zur Goldenen Hochzeit lädt oder die Tochter Abi-Ball hat, kann sich auch der Mann an meiner Seite nicht hinter Unlustgefühlen und plötzlichen Unpäßlichkeiten verschanzen. Aber routinierte Nichttänzer werden auch mit solchen Herausforderungen fertig. Sie können ihre Frau nicht aufs Parkett führen, denn der lange nicht getragene Smoking zwickt im Schritt. Die Schuhe drücken oder sind zu glatt. Das Knie mit der alten Miniskusverletzung tut urplötzlich wieder weh. Männer, die nicht tanzen wollen, meiden ihre Frauen, sobald sie diesen sehnsüchtigen Blick erkennen, in dem geschrieben steht: Hier kommt unser Kennenlernwalzer! Sie verbringen ganze Ballnächte abwechselnd an der Sektbar, auf dem Herrenklo oder in einer Ecke, wo sie in hochkarätige Gespräch über Auto-Tuning, die Börse oder die Bundesliga mit ebenso tanzfaulen Männern verwickelt sind. Frauen, die es wagen, diese Kreise zu stören, und mit ein bißchen emotionaler Erpressung ihren Mann zum Tango abholen wollen, kriegen die ultimative Ausrede serviert: „Liebling, mit Dir tät ich's ja gern ... aber wenn ich mit Dir tanze, dann muß ich auch die dicke Annegret schwenken und die dusselige Kuh von meinem Chef auffordern."

30.

Warum lieben Männer Knallfrösche?

Sie sind Single und suchen einen Mann? Da habe ich einen Tipp für Sie. Ich weiß, wo man einmal im Jahr auf gedrängtem Raum die größtmögliche Ansammlung von Männern aller Altersgruppen, Berufssparten, Einkommensschichten und Augenfarben antrifft. Nämlich überall, wo kurz vor Silvester Knallkörper verkauft werden.

Frauen hingegen sucht man dort vergebens. Viele Silvester-Traditionen sind uns lieb und teuer: Bleigießen und Heringssalat, Feuerzangenbowle und Fondue, sektprickelnde Küsse um Mitternacht und marmeladegefüllte Berliner. Doch auf eines könnten die meisten Frauen gut verzichten: auf die hausgemachte Feuerwerkerei. Das ist bei Männern ganz anders. Während Frauen rundum glücklich wären mit ein paar sprühenden Wunderkerzen, muß es für Männer ordentlich krachen. Selbst Familienväter, die das ganze Jahr über vorbildlich den Müll trennen und nur Pfandflaschen kaufen und überhaupt die Umweltfahne hochhalten, gebärden sich einmal im Jahr als Ökoferkel ohne Reue.

Sind halbwüchsige Kinder im Haus, so argumentiert der Mann, er schaffe die Knallfrösche und Raketen bloß ihretwegen an. Okay, wir sind bewußte Eltern und natürlich lassen wir uns nicht davon beeindrucken, was andere Sprößlinge kriegen und dürfen. Aber ganz auf die Silvesterknallerei zu verzichten, das wäre ja so verknöchert, als ob man ihnen Jeans oder Cola vorenthielte! Meint der Mann.

Wo keine Kinder vorhanden, steuert die lärmempfindliche Frau, die ein versengeltes Cocktailkleid und Brandlöcher im Teppichboden in unguter Erinnerung hat, den Mann zu Silvester zwecks Schadensvermeidung gern auf die Kulturschiene: besorgt Karten für die Oper oder fürs Kabarett. Und hat die Rechnung ohne den Mann gemacht. Denn was zieht der nach dem Spektakel strahlend aus der Manteltasche? Richtig, einen Pikkolo und eine geballte Ladung Explosives.

31.

Wenn Männern der Kopf gewaschen wird

Zu den vielen Ungerechtigkeiten des modernen Lebens gehört es, daß Männer beim Friseur meist viel billiger wegkommen als Frauen. Nun gut, der Mann aus der Generation unserer Väter verließ wassergekämmt mit scharfem Einheits-Seitenscheitel den Laden, schüttelte sich vor der Tür mal kurz wie ein nasser Kater, um die Härchen im Hemdkragen loszuwerden. Während an Frauen stundenlang mit Lockenwicklern und Trockenhaube herumgebastelt wurde. Außerdem war und ist an Männern statistisch gesehen weniger Haar zu bearbeiten: Ab einem gewissen Alter breiten sich Geheimratsecken, Mönchstonsuren, Viertel-, Halb- und Vollglatzen in der männlichen Bevölkerung aus, als seien es die Folgen der ausgleichenden Gerechtigkeit für die Cellulite-Anfälligkeit der weiblichen. Trotzdem erklärte das die Ungleichberechtigung bei den Coiffeurspreisen für mich nicht wirklich. Schließlich lassen sich viele Männer von heute ausgiebig gelen, färben, strähnen, fönen oder Rudi-Völler-Dauerwellen verpassen.

Aber gestern ging mir ein Licht auf. Nachdem der Mann, für dessen Aussehen ich mich mitverantwortlich fühle (Frauen sind so!), endlich mal wieder beim Friseur war – und ich ihn anschließend am liebsten nicht in die Wohnung gelassen hätte.

„Wie siehst Duuu denn aus!" entfuhr es mir. „Ich? Wieso?" (Er hatte doch abends glatt vergessen, daß er mittags beim Friseur war! Kann man sich das von einer Frau vorstellen? Nein!) „Die Schläfen verschnitten, der Nacken viel zu hoch ausrasiert!" „Echt?" „Ja, hast Du das nicht gesehen?" Nö. Er hat gar nicht in den Spiegel geguckt. Sondern die ganze Zeit Auto-Bild gelesen.

Also, ich weiß jetzt, warum Herrenfriseure billiger sind: Die Kundschaft ist duldsam, unkritisch und mit allem zufrieden – Hauptsache, es geht ratzfatz. Da sind wir ehrlich gesagt ein bißchen anders, oder?

32.

Warum kochende Männer kein reiner Genuß sind

Vorbei die Zeiten, da Frauen damit kokettierten, keinen Nagel in die Wand schlagen zu können, und Männer sich brüsteten, noch nicht mal ein Spiegelei braten zu können. Im Zuge der Emanzipation haben wir gelernt, mit der Black & Decker so lässig umzugehen wie mit der Puderquaste, und die Männer drängen an den häuslichen Herd und zu Hobbykoch-Wettbewerben.

Das wäre alles so wunderbar wie's schmeckt, wenn Männer so kochten wie Frauen. Tun sie aber nicht.

Ich weiß nicht, wie der Mann in meiner Küche das macht: Wenn er ein (zugegeben exquisites) Gulasch kocht, verbraucht er dazu so viel Geschirr und Gerät, daß die Spülmaschine zweimal laufen muß. Ich will auch gar nicht mehr wissen, wieso er fünf Quadratmeter Arbeitsfläche plus vier Küchenbretter, sieben Messer und drei Handtücher benötigt, um zwei Portionen Bratkartoffeln herzustellen. Denn Frauen kochender Männer sind gut beraten, sich wie die drei weisen Affen zu benehmen: nichts sehen (Hilfe, er kratzt mit dem Messer in der Teflonpfanne!), nichts hören (Flüche, wie er sie beim Zwiebelschneiden und Fallenlassen der Kristallschüssel ausstößt, hätte man ihm gar nicht zugetraut), nichts sagen (der harmlose Satz „Liebling, das Nudelwasser kocht seit einer halben Stunde" wird als Auftakt zum Ehekrieg gewertet).

Wenn ein Mann ein neues Hobby entdeckt, greift er nach den Sternen. Man kennt das: Kaum hat er knipsen gelernt, sieht er sich schon als Gunter Sachs und braucht eine entsprechende Foto-Ausrüstung. Bei der Kreation einer Linsensuppe sind es die berühmten Sterne-Köche und ihre unterwürfigen Küchenbrigaden, denen er nacheifert. „Schäl mal eben die Tomaten – aber schnell! Wo zum Teufel ist die Brandsalbe?" Hinzu kommt, daß viele Männer im Beruf an weibliche Hilfskräfte gewöhnt sind. So wie der Zahnarzt murmelt „Tupfer, Pinzette ..." oder der Anwalt per Gegensprechanlage die Akte XY anfordert, so barsch prasseln die Befehle zur Herbeischaffung von Knoblauchpresse, Koriander, Cognacflasche nieder auf die Frau des Kochs. Die ist am besten beraten, wenn sie das Schlachtfeld weiträumig meidet und sich erst zum Essen wieder blicken läßt, möglichst eingedeckt mit einem Vorrat faustdicker Komplimente.

33.

Warum brauchen Männer helles Licht?

Gäste werden erwartet. Die Frau hat liebevoll den Tisch gedeckt, die Farbe der Servietten passt genau zu den lachsfarbenen Rosen in der Vase und zur Vorspeise (Lachs, natürlich). In den polierten Silberleuchtern brennen Ton-in-Ton gewählte Kerzen. Die Frau ist mit dem Gesamteindruck sehr zufrieden.

Die Gäste kommen, wickeln ihre Blumen aus (leider falsche Farbe) und werden zu Tisch gebeten. Und was tut der Mann? Er knipst das Deckenlicht an! „Ist doch so schön hell", sagt er, „da sieht man wenigstens, was man ißt." Die Dame des Hauses könnte ihm an die Gurgel gehen.

Männer knipsen immer das Deckenlicht an im falschen Moment. Kurz nach der Liebe etwa, wo ein sanft glimmendes Kaminfeuer oder eine schwächliche Nachttischlampe der Frau und ihrem etwas aufgelösten Gesicht gelegen kämen, muß er sich dringend einen eingewachsenen Fußnagel schneiden und braucht dazu 150 Watt.

Bei der Weihnachtsbescherung – im milden Schein der Bienenwachskerzen am Christbaum – zerstört unser Mann die traute Atmosphäre blitzartig, indem er das große Licht anmacht; er sagt, sonst kriegt er die Knoten an den Paketen nicht auf.

Die Frau hat sich ein todschickes kleines Schwarzes gekauft und führt es nun im bekömmlichen Licht des laufenden Fernsehers dem Gatten vor. Der hat nichts Besseres zu tun als alle Lampen anzuknipsen und zu mäkeln, daß es bißchen eng sitzt unter den Armen. Weiß die Frau selber – aber sie wollte den aufregenden Fummel schließlich auch nicht im grellen Tageslicht ausführen.

Da besichtigt der Nachmieter die – zugegeben etwas ramponierte – Wohnung; listig hat die Frau für indirekte Beleuchtung durch kleine Tisch- und Stehlampen gesorgt. Bei diesem Licht besehen sieht das Wohnzimmer gar nicht so abgewetzt aus und die Lackschäden an den Türen sind glatt wegretuschiert. Bis der Mann mal wieder gewohnheitsmäßig zum Schalter fürs Deckenlicht greift und die sich leicht wellende Tapete sowie die Kratzer im Parkett in gleißendes Licht taucht.

Übrigens: Es können auch nur Männer dafür verantwortlich sein, daß es immer noch Hotelzimmer gibt, die keine Leselampen haben, sondern nur neonhelle Lichtquellen. Direkt unter der Decke.

34.

Warum wollen Männer stets dasselbe anziehen?

Als mein Sohn erstmals auf Klassenreise fuhr, packte ich ihm den Rucksack. Bei seiner Rückkehr entdeckte ich verwundert sieben Paar saubere Socken im Gepäck. „Ich habe gespart", flunkerte er treuherzig, „damit Du nicht so viel waschen mußt!"

Diese Art von Rücksichtnahme ist meinem Mann zum Glück fremd. Aber das Aufsparen von neuen Kleidungsstücken liegt auch ihm im Blut. Weil der Mann an meiner Seite ohne Zutun von Mutter, Schwester, Tochter, Ehefrau rumliefe wie ein Dressman für die Altkleidersammlung, schenken wir ihm zu Weihnachten und Geburtstagen regelmäßig mal was richtig Schickes. Einen Kaschmirpulli oder ein blütenweißes Hemd, ein italienisches Sakko als Ersatz für seine ausgebeulte Cordjacke.

Er freut sich von Herzen über die neuen Klamotten – und hebt sie auf, als wären's Schatzbriefe, die erstmal Zinsen tragen sollen.

Erst wenn garantiert kein Mensch mehr Hemden mit Haifischkragen, Schuhe mit dicken Kreppsohlen oder einen karierten Pullunder trägt, holt unser Mann das mittlerweile antiquierte Kleidungsstück endlich aus dem Schrank. Weil seine Lieblings-Latschen beim Schuster sind oder sein verfusselter dunkelblauer Rolli gottlob in der Bahn liegengeblieben ist.

Unter dem Siegel der Verschwiegenheit: In meinem Schrank, ganz hinten im Dunkeln, hängt auch so manche Bügelleiche. Wie das fetzige Rote, das in letzter Minute dann doch immer wieder verliert gegen das brave kleine Schwarze ...

35.

Wie Männer lesen

Daß es Männer gibt, die ganze Bücher lesen, wissen wir nur aus dem Fernsehen. Dort gibt es solche Männer, sie heißen Kulturredakteure oder Marcel Reich-Ranicki. In unserem eigenen Umfeld kennen wir leider nur Männer, die Bücher entweder bloß durchblättern oder Bücher lesen, die wir nicht meinen: „1000 ganz legale Steuertricks" oder „Motorradreparatur – leicht gemacht!"

Die meisten Frauen wollen aber abends von Kopfkissen zu Kopfkissen nicht über die Finessen des Paragraphen 249b reden und auch nicht über das Kolbenfresser-Syndrom. Hingegen würden sie mit dem Bettnachbarn rasend gern darüber diskutieren, ob der neuste Roman von Ildikó von Kürthy nun Schund ist oder heimlich autobiographisch.

Trotz ihrer statistisch erwiesenen Abstinenz im Buchladen kriegen Männer oft Bücher geschenkt – und zwar von anderen Männern. Bücher mit hochtrabenden Titeln, die dann als Regal-Leichen bei uns verstauben. Wie wir belesenen Frauen wissen, kaufte man früher Bücher, deren Seiten erst mit einem Messer geöffnet werden mußten. Der schöne Brauch – jede neue Seite eine Wundertüte, die erst aufgeschlitzt werden mußte – ist verschwunden. Männer sind darüber sehr froh. Seither können sie schamlos behaupten, alle tausend Seiten von Churchills „Der Zweite Weltkrieg" von vorn bis hinten gelesen zu haben. Obwohl sie sich in Wahrheit mit dem Klappentext begnügt haben.

36.

Warum sind Männer eigentlich so laut?

Der Mann an sich ist laut. Das ist in jedem Fußballstadion, im Bundestag und in Aktionärsversammlungen zu hören – also überall dort, wo Männer die absolute Mehrheit haben.

Auch als Einzelexemplar ist der Mann geräuschvoll: Er kaut, gurgelt, schnarcht, schnauft und schneuzt und räuspert sich lautstärker als Frauen, läßt den Motor seines Autos aufheulen, knallt Türen, trampelt auf der Treppe, singt laut unter der Dusche.

Das alles würden wir liebend gern ertragen, wenn der Mann Lärmerzeugung aller Art nicht eifersüchtig als maskulines Vorrecht betrachten würde. Denn sobald er ohne seine polternden Geschlechtsgenossen ist, mutiert er zum

Dezibel-Sensibelchen. Wer stört sich an Kinderlärm oder am Klavierüben anderer Leute? Es sind meistens Männer, die dann ins Telefon brüllen und mit der Polizei drohen.

Kaum eine Frau interveniert, wenn sich in der Sauna Männer schenkelschlagend Witze erzählen oder sich laut vernehmlich mit ihren Umsatzzahlen brüsten. Doch sowie dort zwei Frauen flüsternd ihre Friseur-Geheimtips austauschen, poltert garantiert ein Baß aus dem Dampf: „Ruhe, die Damen!" Im Schwimmbad prusten die Kerle wie die Walrösser durchs Wasser. Und halten plötzlich inne, um zwei giggelnde Mädels anzublaffen: „Muß das sein? Hier ist kein Kaffeeklatsch!"

Ja, mal ehrlich: Muß das sein, so viel Intoleranz?

37.

Wie Männer im Garten fuhrwerken

Ohne jedes Zutun des Gesetzgebers sind die Aufgaben im Garten in den meisten Ehen klar verteilt: Sie sät und jätet und kennt jedes Kräutlein beim Namen. Er rodet, rödelt, hackt und gräbt und sägt und flucht. Sie ist fürs Unkraut und fürs Geblümte zuständig, er für die großen, wichtigen Aufgaben. Diese lassen sich natürlich nur mit einem entsprechenden Maschinenpark bewältigen, selbst wenn man nur einen klitzekleinen Kleingarten besitzt. In jedem Gartencenter läßt sich beobachten, wie sich schon am Eingang die Wege der gartelnden Paare teilen: Sie strebt der blühenden Abteilung zu, er dem Souterrain voller Motor und Technik.

Auch wenn der Mann für seine säende Frau nur die Rille für eine Reihe Petersilie ziehen soll, greift er dazu am liebsten nicht nach einem Stöckchen, sondern zu einer großkalibrigen Profi-Hacke. Und den Lavendelbusch schneidet er, wenn unbeaufsichtigt, mit der Kettensäge.

Die meisten Männer hätten ohnehin lieber nichts als Rasen im Garten. Weil es einfach kein schöneres Männerspielzeug gibt als den Aufsitz-Rasenmäher. Über dessen PS-Zahl und Geländegängigkeit läßt sich mit dem Nachbarn mindestens so gut fachsimpeln wie über ein neues Auto.

Außerdem erspart der Rasen das lästige Auseinanderhalten von Unkraut und Pflanzen. Mein Vater hat meine Mutter einmal dem Tode nahe gebracht, als sie ihn bat, ein Bund Borretsch aus dem Garten zu holen und für den Gurkensalat zu hacken. Er nahm versehentlich Fingerhut – sieht ja so ähnlich aus.

Außer Rasen lieben Männer auch noch Bäume. Weil man so herrlich an ihnen herumsäbeln kann. Durch unsachgemäßen Schnitt hat bei uns schon so mancher Baum das Zeitliche gesegnet. Der Mann frohlockt: Jetzt kann er so richtig zeigen, was in ihm steckt: Er kann einen Baum fällen, ganz allein, mit der Axt!

38.

Warum finden Männer so selten das richtige Wort zur rechten Zeit?

„Wie ich höre, hat sich in Deinem Leben endlich mal was Aufregendes getan", sagte der Bruder meiner Freundin, als er erfuhr, daß deren Wohnung ausgebrannt war.

Dieser Bruder ist der beste Mensch der Welt, würde als erster mit Decken, Thermoskannen und sogar Geld anrücken, wenn jemand in Not ist. Aber das richtige Wort oder die richtige Geste zur richtigen Zeit finden ist seine Sache so wenig wie die der meisten Männer. Da retten sie sich lieber in ein Witzchen. Oder gehen die Sache pfeilgerade rational an: „Kopf hoch – warst doch gut versichert." Beziehungsweise: „Ein Glück, daß ich Dir damals den Anselm als Anwalt empfohlen hatte." Die Liebste hat sich den Knöchel gebrochen? „Besser als die rechte Hand", tröstet der Mann. Richtig. Aber noch richtiger als diese verklemmte Anteilnahme wären gemurmelte Koseworte, Pralinen oder Blumensträuße im XXL-Format.

Warum müssen Männer immer so eine verklausulierte Sprache benutzen, wenn es um Gefühle geht? Na gut, das Allerwelts-Ich-liebe-Dich kriegen Sie zur Not noch durch die Zähne, wenngleich nicht jeder, nicht oft und auch am häufigsten an einem Ort (dem Bett), wo dieses Bekenntnis ja nahe liegend erscheint. Die Frau ist befördert worden? „Nicht schlecht", sagt der Mann. Die Frau hat ihren Job verloren? „C'est la vie – so ist das Leben. Passiert doch anderen Leuten auch." Ja, aber teilt er mit anderen Leuten Bett und Tisch? Wo er im übrigen statt: „Zum Niederknieen, dieses Pfifferlings-Gratin" nur rauskriegt: „Hab schon schlechter gegessen."

Eine weitere Männerspezialität in Gefühlsdingen ist ihre eingebaute Zeitschaltuhr. „Liebling – nicht jetzt", sagen sie, wenn die Frau ganz harmlos fragt, ob er sie noch lieb hat oder sich auf den gemeinsamen Urlaub freut. Kann er nicht einfach „Ja" sagen? Kann er nicht. „Ich muß jetzt schlafen – habe morgen eine wichtige Konferenz" ist allabendlich das Beziehungsgift in zigtausend Pärchen-Betten.

39.

Wie Männer die Kunst des Weghörens beherrschen

Männer haben einige Tugenden, die bei Frauen eher selten vorkommen. Beispielsweise sind Männer im allgemeinen diskreter; das Wort Klatschbase ist nicht ganz grundlos weiblich.

Das war die gute Nachricht. Die schlechte ist, daß die von Männern so vollendet beherrschte Kunst des Weghörens auch ihre Schattenseiten hat.

Der Mann sitzt beim Frühstück hinter seiner Zeitung, während die Frau ihm erklärt, daß heute der Kaminkehrer kommt und abends Johann mit Freundin zum Essen. Daß morgen Elternabend in der Schule ist und zwischen zehn und zwölf das Wasser abgestellt wird. Genausogut könnte die Frau diese Termine dem leise brummenden Kühlschrank vortragen, denn auch der ab und an Zustimmung grummelnde Mann hört gar nicht richtig zu. Um sich später über mangelnden Informationsfluß zu beklagen.

„Mir sagt ja keiner was", flucht der Mann, wenn er mit eingeschäumten Haaren unter der Dusche steht, aus der kein Tropfen kommt – weil, wie gesagt, heute Sielreparaturen stattfinden.

„Mir sagt ja keiner was", raunzt der Mann beleidigt, wenn der Sohn wie angekündigt seine neue Freundin zum Abendessen mitbringt. Wenn eine junge Dame ins Haus steht, hätte er sich doch lieber das jugendliche Sweatshirt übergezogen statt der alten Strickjoppe! „Mir sagt ja keiner was“, klagt er übrigens auch, wenn er mal wieder seinen eigenen Hochzeitstag vergessen hat ...

40.

Wenn Männer plötzlich abtauchen

Ein Mann und eine Frau wollen zusammen ausgehen. Es ist ausgemacht, Punkt halb acht die Wohnung zu verlassen. Unser Mann sitzt ab sieben geschniegelt und gebügelt auf dem Sofa und gibt alle fünf Minuten laut rufend die Uhrzeit ins Badezimmer durch, wo sich die Frau in den letzten Zügen der Verschönerung befindet. Wenn sie pünktlich um 19.29 Uhr das Wohnzimmer betritt, muß sie feststellen, daß der Drängler verschwunden ist. Es ist ihm eingefallen, daß er noch schnell Zigaretten holen wollte. Und dabei kam er auf die Idee, auch noch einen Lottoschein auszufüllen. Oder er wollte das Auto schon mal vorfahren und hat auf dem Rücksitz eine Tageszeitung von letzter Woche gefunden, in deren Leitartikel er sich vertieft hat.

Besonders typisch und rätselhaft ist das Verschwinden der Männer zur Essenszeit. Stundenlang hat der Mann seinen Hunger angekündigt. Zunächst mit der harmlos-lüsternen Frage „Was essen wir denn heute?“. Es folgten Küchenbesuche mit Topfdeckel-Heben. Schließlich die konkrete Frage: „Wann essen wir denn endlich?" Freundlich, aber bestimmt sagt die Köchin: „Exakt in zwanzig Minuten." Er trollt sich. Und genau zu dem Zeitpunkt, wo die Knödel, das Soufflé oder ein anderes kulinarisches Kunstwerk in Perfektion auf dem Tisch steht und kein Warten verträgt, ist der hungrige Mann unauffindbar. Er hat sich aufgemacht in den Keller, um nach der Heizung oder dem Weinvorrat zu sehen, und hat sich dabei festgespielt beim Neusortieren der Marmeladengläser oder des Altpapiers. Er hat beim Ausklopfen der Fußmatte den Nachbarn getroffen, der ihm seinen neuen Computer zeigen wollte. Jedenfalls sinken Soufflé und Laune der Frau rasch in sich zusammen. Umgekehrt sind Männer bis zum Abwinken präsent, wenn man sie gern aus dem Weg hätte. Nie müssen sie so oft durch die Küche latschen wie in den paar Minuten, wo der Boden grad naßglänzend frisch gewischt ist. Nie umkreisen sie einen mit den überflüssigsten Fragen so beharrlich wie in den Viertelstündchen, wo man grad mal mit dem Exverlobten oder der besten Freundin telefoniert.

41.

Wieso sind so viele Männer partiell blind?

„Schön, diese Blumen", sagt der Mann und nickt anerkennend. Die Frau schaut ungläubig. Sie ist gerade dabei, einen vertrocknenden Asternstrauß zu entsorgen. Eine Woche lang prangte er auf der Anrichte und der Mann hat ihn nie gesehen.

Selbst scharfsichtige Männer sind mit einer rätselhaften partiellen Blindheit geschlagen, wenn es um die hübschen kleinen Dinge des Alltags geht. Eines schönen Morgens bewundern sie einen Salzstreuer auf dem Frühstückstisch, der da seit Jahren steht.

Oder die Frau fragt den Mann, ob er die rostroten Korbstühle im neuen Einrichtungsgeschäft um die Ecke auch so apart findet. Ein kleines ratloses Flackern im Blick verrät uns, daß er diesen seit sechs Monaten real existierenden Laden zwischen seiner Bushaltestelle und dem Zeitungsgeschäft, das er täglich aufsucht, noch nie wahrgenommen hat. Und obendrein vergessen, daß man unlängst übereingekommen war, die maroden Stühle von Tante Rita im Eßzimmer mal durch was Zeitgenössischeres zu ersetzen.

Wie um die Scharte wieder auszuwetzen, sagt er drei Stunden später auf der Bettkante: „Oh, hast Du ein neues Nachthemd? Steht Dir wirklich gut!" Fragliches Nachthemd ist bereits seit Monaten in unserem Besitz und hat mit dem Schlafanzug des Mannes schon oft das Bett geteilt. Wenn wir ihm dies mitteilen, wird er murmeln, daß diese Damenwäsche irgendwie immer gleich aussehe und daß er auf so was nicht richtig achte. Ja, leider. Etwas pikiert reagiert der Mann auf diesbezügliche Vorhaltungen: „Du solltest Dich freuen, daß ich Äußerlichkeiten nicht so wichtig finde – Männer interessieren sich nun mal mehr fürs Wesentliche."

Von wegen. Das Auto startet und fährt im Wesentlichen tadellos, der Benzinverbrauch ist völlig okay – aber die völlig unwesentliche winzige Schramme, die wir beim rückwärts Einparken verursacht haben: Die entdeckt er sofort!

42.

Was im Verkehr an Männern nervt

Laut einer Aral-Studie halten sich viele Männer – was uns nicht überrascht – für fabelhafte Autofahrer. Des weiteren kam heraus: Je mehr Airbags, dickes Blech, PS und Sicherheits-Gadgets einer hat, desto dreister fährt er. Nach dem Motto: Mir kann keiner – ich bin der hochgepanzerte Ritter der Landstraße. Diese Männer finden, nicht sie seien ein Verkehrsrisiko, sondern nur ihre eventuellen Opfer. Die mit dem „Mutti-Fahrstil". Also die Chauffeure und Chauffeusen der brav und gesetzestreu fahrenden Kleinwagen.

Um der Diskriminierung des mickrigen Mutti-Fahrstils angemessen zu begegnen, gebe ich hier mal eine Gebrauchsanweisung für den vorzüglichen Vati-Fahrstil:

1) Fahre konsequent Stoßstange an Stoßstange – auch wenn hinter Dir ein Kilometer Platz ist.

2) Überhole bevorzugt an Baustellen.

3) Betätige Hupe und Lichthupe, so oft es geht. Du hast schließlich dafür bezahlt.

4) Wozu blinken vorm Abbiegen? Tun die Italiener schließlich auch nicht und die haben immerhin Ferrari erfunden.

5) Bei angekündigtem Stop-Schild oder roter Ampel: Mit Höchstgeschwindigkeit (mindestens) ranrauschen und erst einen Meter davor voll auf die Bremsen.

6) Unterhalte Deine Beifahrer nonstop mit höhnischen Kommentaren über andere Verkehrsteilnehmer, die samt und sonders Trottel sind.

43.

Warum Männer angeln und Frauen nicht

Frauen kraxeln auf Achttausender und werden Fußball-Weltmeister, sie werfen Speere und dreschen Skat. Frauen führen Lokomotiven und fliegen Jumbojets, sie stehen im Boxring und präsentieren das Gewehr. Nichts vordem Männliches ist ihnen fremd. Bis auf eins. Bis auf eine vergleichsweise ruhige, sitzende Tätigkeit, die mehr Geduld als Kraft erfordert. Ein Hobby, zu dem man nichts weiter braucht als einen Klapphocker und eine Schnur, die an einem Stock befestigt ist. Trotzdem sind angelnde Frauen so selten wie häkelnde Männer.

Ob am Ufer eines Rinnsals oder am Meeresstrand, auf städtischen Brücken oder im Schilfsaum verträumter Seen – nichts als Männer, die da in gebührendem Abstand auf umgestülpten Eimern sitzen und aufs Anbeißen warten. Wenn Frauen überhaupt fischen, dann höchstens nach Komplimenten. Und wenn sie ködern, dann am liebsten Männer.

Woher kommt die Abstinenz der Frauen am Angelgewässer? Das bißchen Blut kann's nicht sein, denn zigtausend Damen gehen leidenschaftlich gern zur Jagd. Und Millionen Frauen nehmen täglich ohne mit der Wimper zu zucken Hühner oder Fische aus.

An mangelnder Ausdauer liegt es auch nicht, schließlich sind Frauen hochqualifizierte Marathonläuferinnen.

Sind's die Würmer? Ach was, passionierte Gärtnerinnen streicheln jeden Regenwurm.

Ist es vielleicht die berüchtigte Angeberei in Anglerkreisen, wo sich im Nachhinein jeder daumenlange Stint in einen tollen Hecht verwandelt? Da kommen wir der Sache schon näher. Ganz wertfrei sei hier angemerkt, daß die deutsche Sprache das Wort Prahlhans kennt, aber keine Prahlgrete.

Unter dem Siegel der Verschwiegenheit werde ich Ihnen jetzt mitteilen, was der Grund für die mangelnde Attraktion des Angelns und der Mafia für den weiblichen Teil der Bevölkerung ist: die Omertà. Das Gesetz des Schweigens. Stundenlang mit einem Popeline-Hütchen auf dem Kopf stumm rumzusitzen fällt uns einfach schwerer als Männern.

44.

Was Frauen lieben und Männer verabscheuen

Wie der Teufel das Weihwasser verabscheuen die meisten Männer eine der Lieblingsbeschäftigungen ihrer Frauen: Möbelrücken.

Es muß ein weibliches Gen sein, das alle paar Monate in uns Frauen juckt und danach drängt, den Spiegel überm Sofa mal an die gegenüberliegende Wand zu hängen – sähe bestimmt viel besser aus. Und ob das kleine Bücherregal aus dem Flur nicht günstiger im Schlafzimmer stünde? Bei der Gelegenheit könnte man dann die Wand dahinter blaßgrün streichen ...

Sofern sich die Hobby-Innenarchitektin ohne männliches Zutun ausleben kann – sagen wir mal: neue Sofakissen anschaffen oder ein neues Bild aufhängen –, ist alles gut. Denn wahrscheinlich wird er es erst nach vielen Wochen bemerken.

Doch leider ist zur Verwirklichung weiblicher Wohnträume oft auch männliche Muskelkraft vonnöten. Wenn es zum Beispiel gilt, die massige dunkle Kommode (ein besonders grausames Erbstück von seiner Tante) auf den Dachboden zu schaffen. Für diese Transaktion sind mehrere Widerstände zu überwinden. Erstens muß man ihm klarmachen, daß man eigentlich nichts gegen Tante Gerda selig oder seine Familie im allgemeinen hat. Zweitens muß man ihn schonend darauf vorbereiten, daß das Möbeltrumm entweder zerlegt werden muß oder aber die Türen ausgehängt, damit es überhaupt durchpaßt. Drittens wäre da noch eine klitzekleine Elektro-Arbeit durchzuführen, denn anstelle der geschnitzten Kommode soll jetzt die Stereo-Anlage dort stehen, aber es fehlt der Stecker. Es versteht sich von selbst, daß ein Ansinnen dieser Tragweite behutsam an den Mann gebracht werden muß. Am besten wartet man einen Tag ab, an dem sein Lieblingsfußballverein gewonnen hat, kocht dann sein Lieblingsessen, macht ihm ein paar Komplimente über seine handwerkliche Geschicklichkeit ... und platzt dann scheinbar spontan mit der superguten Idee heraus. Mit etwas Glück macht er sich murrend ans Werk. Doch Begeisterung ist nicht zu erwarten. So wie Männer Stammgäste in Kneipen sind und dort jeder Veränderung abhold, haben sie auch daheim am liebsten alles ewig am gleichen Platz und so wie's immer war.

45.

Wie Männer sparen

Nie im Leben würde es einem Mann einfallen, 30 Kilometer weit zu fahren, weil dort ein Supermarkt die Socken seiner Lieblingsmarke 20 Cent billiger verkauft. Auch käme es ihm nicht in den Sinn, mit der U-Bahn fünf Stationen abzugondeln, bloß weil's in der Bahnhofsstraße die Brötchen im Dutzend mit zehn Prozent Rabatt gibt. In diesen Dingen ist der Mann vernunftbegabt und sagt sich, daß Zeitaufwand und Fahrtkosten höher sind als der Preisnachlaß. Dieses gesunde betriebswirtschaftliche Denken läßt Männer allerdings im Stich, wenn es um Benzinpreise geht.

Wie viele Filmanfänge haben wir schon verpaßt, weil unser Kino-Begleiter noch schnell tanken mußte – und zwar nicht um die Ecke, sondern irgendwo in der Walachei? Wie viele Sonntagsbraten sind uns kalt geworden, weil der Mann im Haus nur noch mal eben Super superbillig wollte, was ihn jedoch in entlegene Gegenden trieb?

Selbst Männer, die ihr Geld ansonsten gern mit vollen Händen ausgeben, werden zum Pfennigfuchser beim Benzinpreis. Vielleicht empfinden sie das als schwer männlichen David- gegen-Goliath-Ringkampf: Hier ich kleiner schlauer VW-Fahrer, dort die großen bösen Multis ... Treffen sich drei Männer beim Sport oder beim Bier, ist die Wahrscheinlichkeit groß, daß sie sich mit ihrer Pfiffigkeit beim Tanken brüsten. Nie würden sie so angeregt über den Gurkenpreis von Aldi oder Lidl diskutieren.

Und wenn ein Mann mit gefurchter Stirn im Internet browst und Spiegel-Online anklickt, sollte man als liebende Frau nicht unbedingt auf Bildungshunger schließen. Wahrscheinlich surft er nur nach der Rubrik „Die billigste Tankstelle in Ihrer Nähe“.

46.

Was Männer einfach nicht begreifen

Männer, das ist es allgemein bekannt, sind vortrefflich im Erfinden – nicht nur von Ausreden! Ohne Männer gäbe es weder das Fahrrad noch die Mondlandung. Aus dem Fernsehen weiß ich: Auf dem Mond gibt es robotergesteuerte kleine Karren, die problemlos außerirdisches Gestein einsammeln. Aber: Wenn ich bloß drei Tüten Milch und einen Sack Kartoffeln in meinen Einkaufswagen im Supermarkt einsammeln will, blockiert der die Räder wie ein bockiger Dackel. Erfinder an die Front, bitte!

Im Internet gibt's diese Suchmaschinen, die einem die abgelegensten Fakten beschaffen. Etwa die Kosten einer vegetarischen Mahlzeit an der Uni Cambridge oder die Anzahl der Ehescheidungen von Liz Taylor. Schön und gut. Ich aber lauere seit Jahren vergeblich auf eine Suchmaschine, welche nach der Wäsche die systematisch verschwundenen Parallelsocken findet. Oder die ebenso regelmäßig abgängigen Hütchen für Filzschreiber, Deoroller und Klebstoff. In einem normalen Haushalt geht für die Ersatzbeschaffung von Mützen, Schals, Turnbeuteln, Federmäppchen und Fahrradpumpen jeden Monat die Hälfte des Kindergeldes drauf. Es wird erfunden, daß es kracht – aber leider unter meilenweiter Umgehung unserer primären Bedürfnisse. Kein Mann hat sich bisher ernsthaft der Abstellung des Alltagsärgers gewidmet.

Ich wüßte vieles, was dringend mal erfunden werden müßte. Wo bleibt der Regenschirm, der piept, wenn er mal wieder stehengelassen wurde? Wo ist die Sirene an der Waschmaschine, die schrillt, wenn sich in die weiße Kochwäsche eine rote Socke geschlichen hat? Wie kann es sein, daß man sich regelmäßig die Fingernägel abbricht beim vergeblichen Versuch, das Preisschildchen vom Mayonnaiseglas zu kratzen, das natürlich genau überm Verfallsdatum klebt? Das alles kann nur sein, weil Ingenieure und Erfinder noch immer überwiegend männlichen Geschlechts sind und ihre Produkte an unseren Bedürfnissen glatt vorbeigehen.

47.

Wenn Männer sich entblößen

Wenn Männer sich entblößen, geschieht das nicht immer in der Intimität des häuslichen Schlafzimmers. Zu Beginn der Freibadsaison kann jede Frau fremden Männern gratis dabei zusehen. Denn die Benutzung von Umkleidekabinen kommt vielen Männern scheinbar spießig vor. Sie entblättern sich lieber forsch am Beckenrand. Dieser Strip der Ungelernten fasziniert mich immer wieder.

Welche Frau käme auf die Idee, beim Anlegen der Badebekleidung den Schaulustigen im Bassin als erstes ihren nackten Hintern darzubieten, während der Oberkörper noch im T-Shirt steckt und unten an Socken und Sandalen genestelt wird?

Die Ausziehmanöver der Männer gewähren interessante Ein- und Ausblicke: Wer hätte gedacht, daß an dem Typen im braven, beigen Büro-Outfit eine wild gemusterte Hawaii-Badehose zum Tragen kommt? Und der Herr mit dem flotten Käppi auf Brust und Rücken mehr Haare hat als auf dem Kopf? Und daß der Mann, der von der Sonnenbrille bis zu den Sportschuhen nur teure Designerklamotten anhat, dafür offenbar an seiner Unterwäsche spart und im normalerweise unsichtbaren Bereich ausgeleierten Feinripp trägt?

Sparsam ist der deutsche Durchschnittsmann auch beim Handtuch. Während Frauen gern feines, farblich auf den Badeanzug abgestimmtes Frottee dabeihaben, kommen viele Männer mit Lappen daher, die aus der Altkleidersammlung stammen könnten. Oder wickeln sich in Badelaken mit der verräterischen Herkunftsbezeichnung „Novotel". Bisweilen verrät ihr spärliches Handtuch auch eine deutliche Unterschätzung des Hüftumfangs, so daß beim Abtrocknen stets ihr bestes Teil hervorlugt.

Die zeitgenössische Männerbadehose ist dagegen eher geräumig. Der knappe Tarzanslip, das seitlich nur von Schnürsenkeln gehaltene Stoff-Dreieck gehört der Vergangenheit an. Seltsam: Während die Mode den Frauen fürs Schwimmbad immer weniger Stoff anbietet, gewährt sie den Männern großzügige Verhüllung ihrer Oberschenkel. Als ob die mit blauen Äderchen und Orangenhaut zu kämpfen hätten und nicht wir.

Das Leben ist ungerecht.

48.

Wenn Männer eine neue Liebe haben

Zu meinen zahlreichen Lastern gehört das Vergnügen, fremde Männer zu belauschen. Dabei habe ich kein schlechtes Gewissen – unfein ist es schließlich nur, eigene oder befreundete Männer zu belauschen.

Also, ich steh mal wieder beim Italiener an der Espressobar und tu so, als sei ich ins Horoskop oder ins Kreuzworträtsel der Bildzeitung vertieft. Zwei Männer ordern Latte Macchiato und legen los: „Im Nachhinein versteh ich gar nicht, wie ich es so lange mit meiner Alten aushalten konnte." „Genau", sagt der andere. „Wie umständlich die war! Und auch gar nicht griffig." „Meine Neue", fährt der Erste fort, nachdem er mir das Zuckerfaß entrissen hat, „nimmt nichts übel. Sie ist extrem handlich und kann genausoviel wie das schwere Modell, das ich vorher hatte." „Ja, und außerdem: Wie kompliziert die waren!" „Ja, mit den Neuen kriegt man auf Anhieb alles, was man will." „Schneller ist sie auch und immer aufnahmebereit" „Sag: Und wie viele Pixel hat Deine?" „3,2 MB mindestens!" Ich war schon drauf und dran, meinen Horchposten aufzugeben und mit der Frage herauszuplatzen, ob Pixel und MB die neue EU-Norm für Körbchengrößen seien, als mir rechtzeitig dämmerte, daß die verliebten Männer nur von ihren Digitalkameras schwärmten.

49.

Wenn die Schlampe männlich ist

Das Wort Schlampe ist weiblich. Kein Lexikon verzeichnet einen Schlampus oder Schlamper – ich habe nachgeguckt! Das ist sehr sexistisch von Herrn Duden & Co.

Ich gebe zu, daß Männer im allgemeinen keine Lippenstifträнder an Gläsern oder Make-up-Spuren auf Handtüchern hinterlassen. Auch haben nur wenige ellenlange Haare, die den Abfluß der Duschkabine verstopfen. Dafür darf man jeden Morgen ihre kleinen Bartstoppeln aus dem Waschbecken spülen. Männer schlampen naturgemäß anders, aber genauso nervtötend. Nun gut, man entdeckt keine Sicherheitsnadeln am BH oder Laufmaschen an ihnen – aber sind die dünngewetzten Sockenfersen, die halb aus dem Schuh schauen, etwa ästhetischer? Oder der ausgeleierte Gummibund an den Boxershorts? (Merkwürdigerweise halten viele Männer die Ausmusterung ihrer Kleiderleichen für Sache ihrer Frau.)

Es muß ein männliches Gen sein, das sie daran hindert, ihre Füße ordentlich abzutreten oder ihre beste Krawatte nach Gebrauch auf einen Bügel zu hängen statt über den feuchten Badewannenrand.

Ich habe den Mann, der mit mir das Badezimmer teilt, mindestens 957 Mal darauf hingewiesen, daß eine hochgeklappte Klobrille für Nichtmänner kein schöner Anblick ist. Den kleinen Mittagsschlaf auf der Couch gönne ich ihm von Herzen – was mich aufregt, ist die Lernblockade, die er demonstriert, wenn es gilt, anschließend die Kissen wieder aufzuschütteln, statt einen zerwühlten Pfühl zu hinterlassen. Lerne leiden ohne zu klagen, schärfe ich mir immer wieder ein. Klagen mußte ich jahrelang über die extrem männliche Unsitte, dunkle Hemden und Hosen in die Waschmaschine zu stopfen – samt Papiertaschentüchern! Gestern las ich, daß Tempo jetzt endlich nichtfusselnde Schneuztücher auf den Markt gebracht hat. Was für ein großartiger Beitrag zum Familienfrieden!

Und wann erfindet endlich jemand die Zahnpasta, die keine Spritzer auf dem Spiegel hinterläßt, oder Schuhlöffel und Nagelscheren, die nach Benutzung von selbst wieder an ihren Platz huschen?

50.

Warum Männer öfter mal alleine verreisen sollten

Was kommt dem Paradies am nächsten, wenn man nicht grad mit einem Vertreter verheiratet ist? Die seltenen Fälle, wo unser LAG (Lebensabschnittsgefährte) sich ohne uns auf Reisen begibt.

Eine Woche ohne durchweichte Badematten, schimmelnde Teetassen hinter Aktenordnern, verknüllte Sofakissen, offene Zahnpasta-Tuben und Deodorants ohne Deckel, in der Waschmaschine keine Waisenkind-Socken und keine Tempo-Fusseln, am Fußende des Bettes keine Kleiderhäufen, auf dem Eßtisch keine Altpapiersammlung aus den Zeitungen der letzten Woche. Im Waschbecken weder Bartstoppeln noch mit dem Taschenmesser geschnittene Fingernägel. Kein hochgeklappter Klodeckel. In der Küche keine angebrannten Töpfe und keine überall verteilten Frühstücksbrettchen mit den Resten einer Zwischenmahlzeit, auf der sich die Fliegen gütlich tun.

Ich könnte ein Telefonbuch vollschreiben mit den Vorteilen, die die Abwesenheit eines geliebten Mannes mit sich bringt. Leider wurde ich dabei soeben unterbrochen: Er hat angerufen. Kommt einen Tag früher zurück. Ach, und er hat unterwegs seinen alten Kumpel, den Zahnarzt, getroffen. Den bringt er mit. Macht einer großzügigen Frau wie mir doch nichts aus, oder? Also tschüß – ich muß jetzt mal flott das Gästezimmer auf Vordermann bringen und ein Drei-Gänge-Menü kochen.

51.

Wie Männer bei der Ferienplanung stören

Wohin fahrt Ihr dieses Jahr in Urlaub? Selten sind Paare, die unisono „Florida!" oder „Föhr!" rufen. Häufiger heißt es, mit einem verstohlenen Seitenblick auf den Partner: „Mal sehen ..." Getrennt befragt, äußern Männer und Frauen nämlich ganz unterschiedliche Ferienträume. „Ich würde ja so gern mal nach Island – aber ich muß es ihr erst noch beibringen." Oder: „Ich liebäugle mit China – aber er mag nicht fliegen und auch kein Chop Suoy."

Frauen lieben Urlaubsorte, wo sie ihre hübschesten Kleider ausführen können. Männer tendieren zu Zielen, wo man herumlaufen kann wie der letzte Schlunz. Frauen mögen Hotels, um sich mal nicht selber ums Kochen und Bettenmachen kümmern zu müssen. Männer sind Bedienung meistens von zu Hause gewöhnt und lechzen nach Pfadfinderglück wie Holzhacken und Angeln in Skandinavien oder Campen in Kanada.

Außerdem ist mancher Reisewunsch mit Hintergedanken gespickt. Sie denkt bei Oberitalien nicht bloß an den Mailänder Dom, sondern vor allem an die Designer-Outlets. Und man könnte auf dem Weg dorthin ihre Schwester in München besuchen, wozu er sich sonst nie aufraffen kann. Er schlägt Griechenland vor, weil dort zur geplanten Reisezeit grad ein Europapokal-Spiel stattfindet – wovon sie vorerst nichts weiß. So wird geplant und geschachert, bis die Frau eines Tages Nägel mit Köpfen macht und mit der Buchung für ein französisches Ferienhaus heimkommt, das ihr der nette Mann im Reisebüro wärmstens empfohlen hat. Denn eins ist sicher: Die Tourismusbranche läge darnieder, genau wie die Buchhandlungen, wenn es keine Frauen gäbe.

52.

Wo sind die Männer mit Manieren geblieben?

Nicht „plötzlich und unerwartet" und auch nicht „nach langer, mit Geduld ertragener Krankheit", sondern irgendwie schleichend hat er sich aus dem Staub gemacht: Dies ist ein Nachruf auf den Mann mit Manieren. Man nannte die Spezies auch Gentleman. Was zu deutsch sanfter Mann heißt; aber nichts zu tun hat mit dem noch reichlich vorhandenen Softie. Wann haben Sie es zuletzt erlebt, daß ein Mann in der überfüllten U-Bahn aufsteht und einer Frau seinen Sitz anbietet? Nein, dazu ist der Softie viel zu sehr versunken in die Betrachtung seiner Fingernägel oder seines Innenlebens.

Frauen in den Mantel helfen? Bei Bedarf Feuer geben? Ihnen die Türen öffnen? Im Zug beim Gepäck behilflich sein? Kennt der Mann von heute nur noch aus alten Filmen. Und behauptet, emanzipierte Frauen mögen so was gar nicht.

Woher er das wissen will, das ist uns freilich ein Rätsel. Denn auffallend häufig sind Männer ohne Benimm mit auffallend unemanzipierten Frauen zusammen. Die nur leidend schweigen, wenn er mit vollem Mund schlüpfrige Witze erzählt, und ihn nicht gegen das Schienbein treten, wenn er im Kino die Schuhe auszieht oder beim Trinkgeldgeben peinlich knausert.

Daß es sich eigentlich für einen Mann gehört, im Lokal aufzustehen, wenn eine Dame an den Tisch kommt –

und sei sie auch nur fünf Minuten weg gewesen zum Nasepudern –, davon haben die meisten Manieren-Schlaffis noch nicht einmal gehört.

Daß es ungehörig ist, bei einer Unterhaltung die Hände in den Hosentaschen zu haben, beherzigen die meisten Männer allenfalls bei einem Vorstellungsgespräch, nicht im Alltag.

Und wenn man einen Stoffel vorsichtig darauf hinweist, daß es nicht die feine Art sei, beim Sprechen den Kaugummi im Mund zu behalten, kriegt man zur Antwort, man solle doch froh sein, daß er einem als Exraucher nicht länger den Qualm ins Gesicht blase ...

Liebe Damen, Frauen und Mädchen, finden Sie sich nicht mit der Beisetzung der letzten guten Manieren in aller Stille ab. Begehren Sie auf!

53.

Womit man Männer nicht beleidigen kann

Daß Männer schrecklich sensibel sind, wenn sie sich in ihrer Ehre gekänkt fühlen, weiß jede Frau, die ihrem Mann aus Versehen schon einmal gesagt hat, daß ihr Bruder besser verdient als er oder sein Freund mehr von Computern versteht.

Dagegen erweist sich der deutsche Mann als seelischer Dickhäuter, wenn es um frotzelnde Bemerkungen über sein Aussehen geht. Während Frauen tödlich beleidigt wären, wenn ihnen jemand jovial auf die Schulter klopfte und fragte: „Hattest Du nicht früher mehr Busen?" oder „Hast ja eine richtige Ziehharmonika um die Augen bekommen – wie alt bist Du eigentlich inzwischen? Schon über 50?", läßt derlei die meisten Männer erstaunlich kalt. Kritisiert man seine rissigen Hände, versteckt er die nicht etwa schnell schamhaft in der Hosentasche oder greift zur Handcreme, sondern prahlt mit seinen Großtaten als Holzhacker am letzten Wochenende. Es gehört geradezu zum freundschaftlichen Umgangston unter Männern, sich mit „Hallo Alter!" zu begrüßen statt mit „Hallo Fred!", oder dem anderen ungeniert in die Seite zu knuffen und festzustellen: „Mensch, Du hast ja ordentlich zugelegt!" Oder grinsend mit Blick auf seine entschwundene Lokkenpracht von einst festzustellen: „Brauchst ja jetzt kein Geld mehr zum Friseur zu tragen!"

Über so was kann ein Mann lachen. Eine Frau würde weinen.

54.

Wieso können Männer nichts geheimhalten?

Mein sehnlichster Wunsch wär's, einmal zu Geburstag oder Weihnachten von meinem Mann mit einer Überraschung beschert zu werden. Ich meine: Er knausert ja nicht mit Geschenken. Bloß kann er sie nicht für sich behalten: „Willst Du wirklich nicht wissen, was ich ..." „Nein", sage ich streng, „und wehe, Du verrätst es mir wieder vorher!" Nützt aber nichts. Denn nun versucht er es mit der nonverbalen Kommunikation. Unübersehbar liegt auf seinem Schreibtisch seit Tagen eine Tüte vom Dessous-Laden. Beim Stadtbummel bleibt er vor Schaufenstern stehen, vor denen er sonst nie haltmacht, und betrachtet sinnend einen Lockenfön oder bewundert die Designer-Wokpfanne. In der U-Bahn fragt er mich, ob ich die schicke Einkaufstasche der Frau drei Reihen weiter vorn bemerkt hätte. Kommt meine Freundin zu Besuch, so fragt er, ob ich nicht mal ihre Ohrringe anprobieren will – „Ich finde, die würden Dir auch stehen!". Da weiß ich, er hat die Kreolen schon gekauft. Beim Durchblättern von Illustrierten verharrt er wie hypnotisiert bei der Anzeige eines teuren Parfums und fragt dann: „Willst Du wirklich nicht wissen, wo ich heute war?" „Nein", sage ich tapfer. Und das, obwohl meine Standhaftigkeit auch Nachteile hat. Ist schon vorgekommen, daß der Mann das Geburtstagsgeschenk ausnahmsweise so gut versteckt hat, daß er es erst nach Monaten wiederfand.

55.

Was Männer von Haushaltsgeräten lernen können

Wenn man Frauen fragt, ob sie lieber ein neues Haushaltsgerät hätten oder mehr Mithilfe ihres Mannes im Haushalt, dann stimmt die überwältigende Mehrheit fürs Gerät. Das ist keine Vermutung, sondern Ergebnis einer seriösen Meinungsumfrage. Wundert mich kein bißchen.

Die begrenzte Einsatzfähigkeit des Mannes im Haushalt hat ihre Gründe. Zum einen sind ehemals typisch männliche Handreichungen – etwa Kohlen und Kartoffeln aus dem Keller herbeischleppen, Holz hacken oder Teppiche klopfen – im 21. Jahrhundert nur noch Geschichte.

Zum anderen ist der Mann von Natur aus ein Haushaltshelfer fürs Grobe. Im Test schneidet er am besten ab, wo er mit Unmengen Wasser hantieren kann – er ist also gut im Autowaschen oder Rasensprengen, dagegen fehl am Platze beim Fußbodenwischen, weil dann hinterher die Küche schwimmt. Auch Versuchsreihen mit dem Ehemann als Schuhputzer verlaufen relativ zufriedenstellend. Wenn man bereit ist, hinterher das verschmierte Umfeld selber zu säubern.

Und schließlich steckt in vielen Männern ein kleiner Rationalisierungsfachmann, der sich zum Beispiel beim Bügeln auf das Glätten von Hemdbrust und Manschetten beschränkt mit dem Hinweis, der krumpelige Rest verschwände doch unterm Jackett.

All das läßt das Individuum an unserer Seite schlecht abschneiden gegenüber den industriell hergestellten Helfern. Doch der Hauptgrund, warum Frauen lieber Maschinen als Männer im Haushalt beschäftigen, liegt in der Bedienungsanleitung:

Man muß ein Haushaltsgerät weder umgarnen noch mit Liebesentzug drohen, damit es endlich mal spült. Man muß einen Apparat nicht 47mal daran erinnern, daß unterm Bett die Wollmäuse tanzen – Knopfdruck genügt. Wenn die Maschine die Tischdecken nicht weiß genug gewaschen, die Suppe nicht zufriedenstellend püriert hat, muß sie's eben noch mal machen – und tut es klaglos. Herummäkeln an Haushaltsdiensten eines Ehemannes dagegen verbietet sich dagegen, falls man nicht eh die Scheidung plant.

56.

Was Männer alles horten

Häufig hört man in geselliger Runde aus Männermund den Satz: „Meine Frau hat viel zu viel Krempel!" In ausgeglichenen Momenten geben wir ja zu, daß er ein klein bißchen recht hat, der Mann in unserer Wohnung. Im Badezimmer muß er sich mit einem Eckchen begnügen, weil die Bataillone unserer Cremetöpfchen und Parfumflakons alle Regale besetzen. Und auch im Kleiderschrank hat er keinen fairen Anteil am verfügbaren Raum. Wir müssen obendrein eingestehen, daß unser Deko-Bedürfnis gelegentlich überhand nimmt, so daß der arme Mann nirgendwo seine Zeitung ausbreiten kann, weil überall Vasen, Kerzenleuchter, Döschen und Bilderrahmen stehen. Also geloben wir mindestens einmal im Jahr Besserung und machen uns ans große Ausmisten. Wir schnüren Pakete für wohltätige Organisationen und pilgern zum Container.

Mit dem guten Gefühl, ordentlich was geschafft zu haben, inspizieren wir die nun schon etwas lichtere Wohnung. Und spätestens jetzt fällt uns auf, daß wir mitnichten Alleinverursacher zugemüllter Schränke sind. Nun gut, sein Hamsterlager ist nicht der Kleiderschrank, sondern verteilt sich auf Küchenschubladen, Abstellkammer und Garage. Dort lagern Reifen eines längst entsorgten Mopeds aus Jugendtagen und Schneeketten, die er mal bei einem ADAC-Preisausschreiben gewonnen hat. Obwohl keiner in der Familie Ski fährt, schreit er entrüstet auf, wenn man den Vorschlag macht, die Dinger endlich zu entsorgen. „Kann man bestimmt noch mal gebrauchen!" lautet der archetypische Männersatz, den er in Bedrängnis hervorstößt, wenn wir die Schachtel mit zerbrochenen Brillen oder kaputten Feuerzeugen und Taschenmessern entdecken. Wer braucht heutzutage noch einen hölzernen Tennisschläger oder ein Sortiment rostiger Schrauben? Eine löchrige Luftmatratze oder das Telefonbuch von 1999?

Die Wahrheit ist, daß Männer genausoviel Krempel horten wie wir – bloß anderen. Nämlich solchen, zu dem selbst das arme Waisenkind in Afrika „Nein, danke" sagen würde.

57.

Wenn Männer mit dem Feuer spielen

Haben Sie einen Kamin? Einen Kachelofen? Nein? Glückwunsch! Sie müßten sonst das Gleiche erleben wie ich: die Wandlung eines friedfertigen Mannes zum Pyromanen und Sägetier.

Ich hatte mir das so romantisch vorgestellt mit unserem neuen Kamin: Duftend brutzeln die Bratäpfel, dampft die Teekannne, der Blick wird magisch angezogen von kleinen blauen Flämmchen. Doch ich hatte die Rechnung ohne den Mann im Hause gemacht. Der mutierte über Nacht zum gemeingefährlichen Zündler. Der Kamin muß brennen, und zwar mit Fegefeuer-Flammen, selbst wenn's draußen 20 Grad hat!

Nun ist vorschriftsmäßiges Kaminholz ziemlich teuer, deshalb entdeckte der Mann lustvoll einen weiteren steinzeitlichen Urtrieb unter der Hülle seiner Existenz als Schreibtischtäter: das Holzhacken nämlich. Wär schön, wenn wir im Walde wohnten. Tun wir aber nicht. Wir wohnen im Dickicht der Großstadt. Das hindert ihn nicht an seinem neuen Hobby: Die Axt im Haus macht nicht halt vor Orangenkisten, ausrangierten Kinderzimmer-Möbeln, fremder Leute Ehebett vom Sperrmüll. Mit lüsternen Blikken, die Säge geschultert, beäugt er die Obstbäume im Garten. Vom Einkaufsbummel kommt er nicht mit smarten Tragetaschen zurück, sondern schleift triumphierend eine halbe Rohholzpalette von der nächsten Baustelle hinter sich her. Das Zeug spritzt und kracht im Feuer, vom Funkenflug haben Perserteppich, Parkett und die Katze mittlerweile Brandlöcher.

Seit wir den Kamin haben, weiß ich, warum Brandstifterinnen in der Kriminalgeschichte so selten sind, und halte Paulinchen im Struwwelpeter für eine Fehlbesetzung. Zündeln ist Männersache. Zu Weihnachten kriegt mein Flammenwerfer deshalb nicht die gewünschte CD mit der Feuerwerksmusik von Händel, sondern einen soliden Feuerlöscher und einen Spendengutschein für die Freiwillige Feuerwehr.

58.

Warum Männer keine Postkarten schreiben können

„Wir müssen", sagt der Mann am zweiten Urlaubstag, „unbedingt meiner Nichte eine Karte schreiben – sie hat doch grad Examen gemacht. Und wir müssen auch meinem Zahnarzt ein Kärtchen schicken." Ja, stimmt: Der vergißt nie, uns von den schönsten Golfplätzen dieser Welt zu grüßen. Genauer gesagt läßt er grüßen. Von seiner Frau, die wir gar nicht kennen.

„Wir müssen schreiben" heißt nämlich: Gern wählt der Mann die Postkarte aus und klebt die Briefmarke drauf. Vielleicht schreibt er auch noch die Adresse, da er stolz drauf ist, sämtliche Postleitzahlen in seinem Handy gespeichert zu haben. Damit erschöpft sich das „Wir". Das Schreiben überläßt er nämlich grundsätzlich seiner Frau. „Du hast so eine schöne Handschrift – meine Klaue kann keiner lesen. Und außerdem sind meine Buchstaben viel zu groß, da paßt dann gar nix drauf." Oder: „Du weißt doch viel besser, was die hören wollen." Oder: „Du weißt doch, daß mir Smalltalk nicht so liegt!" Na, vielen Dank auch.

Damit die Gestehungskosten für zwei Dutzend künstlerische Ansichtskarten plus Porto nicht ganz zum Fenster rausgeschmissen sind, läßt sich die Frau Jahr für Jahr erweichen und nagt am Kugelschreiber, um sich die altbekannten Sätze abzuringen: „Uns geht es gut – Euch hoffentlich auch." „Gestern regnete es, aber heute scheint die Sonne und Harald hat einen kleinen Sonnenbrand auf der Nase." „Die Pyramiden sind wirklich beeindruckend; das Essen ist weniger nach Helmuts Geschmack."

Geben ist seliger denn Nehmen, steht in der Bibel. Auf Urlaubspostkarten trifft das nicht zu. Wie nett, wenn wir im Briefkasten die bunten Bilder aus Argentinien, Amrum oder Oberammergau vorfinden, wo sich unsere Freunde grad verlustieren! Umgekehrt empfinden es die meisten Menschen als Strafarbeit, diesen Freundschaftsdienst auch zu erwidern.

Frauen haben die Wahl, das doppelte Pensum zu absolvieren oder seine Kollegen und die Erbtante zu vergrätzen. Denn die Erfahrung lehrt, daß Männer beim Eingehen einer Beziehung schlagartig das Schreiben verlernen.

59.

Warum hinterlassen Männer immer Spuren?

Entgegen anderslautenden Gerüchten wehrt sich der Mann aus unserem Bett nicht immer und nicht grundsätzlich gegen Auftragsarbeiten. Es kommt schon mal vor, daß er einwilligt, den Rasen zu mähen oder die Hecke zu schneiden. Die Latein-Vokabeln der Kinder abzuhören oder die Aprikosen zu Marmelade zu verarbeiten. Es kann sein, daß er mehr oder weniger grummelig die Wäsche aufhängt oder die sieben Töpfe spült, die zur Bewirtung seiner Jubiläums-Skatrunde nötig waren. Allerdings möchte er dafür gebührend gewürdigt werden. Wir müssen zugeben: Dieses Lob – „Nein, das ist ja unglaublich! So saubere Töpfe hatten wir noch nie!" – kommt manchmal ein bißchen zu kurz. Deswegen fordert er es listig ein. Ich glaube, Männer sind gar nicht so schlampig, wie man denkt. Sie hinterlassen nur Arbeitsspuren.

Nach dem Motto: „Damit auch alle merken, daß ich ganz allein ein Kilo Zwiebeln fürs Gulasch geschnippelt habe, lasse ich die Schalen gut sichtbar rumliegen." Oder: „Vielleicht sieht niemand, daß ich fünf Paar Schuhe geputzt habe – drum wärs blöd, die Utensilien aufzuräumen. Besser, sie bleiben als Beweis auf dem Spülstein." Wenn der Mann den Müll rausgebracht hat, vermeidet er es trickreich, eine neue Tüte in den Eimer zu tun – sonst wird seine aufopfernde Großtat womöglich übersehen. Wenn er das Portrait der Großtante überm Eßtisch aufgehängt hat, ist der Tisch anschließend gedeckt mit Wasserwaage, Dübeln, Bilderhaken und Bohrmaschine. Wenn er in (ziemlich seltener) lobenswerter Eigeninitiative bei aufziehendem Gewitter die Wäsche von der Leine geholt hat, garniert er mit den Knäueln aus Unterhosen, Kopfkissen und T-Shirts das Wohnzimmer. Falten, sortieren und aufräumen sollen gefälligst andere.

Männer bringen es fertig, selbst bei geistiger Arbeit Spuren zu hinterlassen: Wenn das frisch gebügelte Küchentischtuch ruchlos zur Seite gekrümpelt ist, garniert mit Brockhaus, Duden, Radiergummi und Bleistiftspitzer-Spänen, dann wissen wir: Der Gatte hat versucht, ein Kreuzworträtsel zu lösen.

60.

Wenn Männer über Nacht gesundheitsbewußt werden

Vieles im Leben eines Mannes vollzieht sich anfallartig. Er wird überwältigt von einem großen Gefühl (eher selten) oder von einer tiefen Einsicht. Und zwar mit solcher Macht, daß er sein Leben ändert. Beim Durchschnittsmann währt diese Änderung etwa zwei Wochen und wird häufig ausgelöst durch einen Arztbesuch. Er hat sich dorthin begeben wegen einer Grippe-Impfung oder einer Warze am Zeh. Und der Doktor hat beim Anblick des uns nahestehenden Mannes die Visite genutzt, um ein paar Wahrheiten loszuwerden über Cholesterin, Bewegungsmangel, Diabetes und ähnliche Bedrohungen seiner Virilität.

Selbstredend haben auch wir schon mal versucht, diese Themen in netter Form anzuschneiden. Aber das ist erfahrungsgemäß nicht zu vergleichen mit so einem Gespräch von Mann zu Mann, von denen einer einen weißen Kittel trägt.

Beim Sonntagsfrühstück verzichtet der Bekehrte mit heroischer Leichenbittermiene aufs wachsweiche Ei. Am Montag geht er zum ersten Mal seit dem Katastrophenwinter vor sieben Jahren zu Fuß ins Büro und entstaubt den Heimtrainer. Am Dienstag beginnt er, Sojasprossen auf der Fensterbank zu ziehen. Im Küchenschrank stapeln sich braune Biotüten mit Weizenkleie, Leinsamen und Grünkern. Am Mittwoch finden wir auf dem Telefonblock Dreisatz-Rechnungen, wo der Mann während des Wartens auf eine Verbindung versucht hat, seinen Body-Mass-Index auszurechnen. Am Donnerstag haben wir plötzlich einen riesengroßen grünen Hüpfball von der AOK in der Wohnung. Am Freitag steht der sonst küchenferne Mann der Frau beim Essenkochen im Weg und fragt mißtrauisch: „Tust Du immer so viel Butter zu den Fischen?"

Im Prinzip ganz gute, wenngleich befremdliche Entwicklungen. Doch bevor die Frau einen Kursus zur Diätköchin macht, Fitness-Urlaub bucht und selber ihre letzte Zigarette raucht, muß sie sich im Klaren sein, daß Männerschwüre so haltbar sind wie Wahlversprechen.

61.

Warum Männer rechthaberischer sind als Frauen

Mein Tennisfreund Patrick erscheint verspätet, mit hochrotem Kopf und wutschnaubend zum gemischten Doppel. Man muß ihm erst mal ein kühlendes Getränk reichen, ihm die Hand halten und behutsam fragen, was denn eigentlich los ist. Also: Er ist geblitzt worden, als er in einer geschlossenen Ortschaft zu schnell fuhr und mußte 80 Euro zahlen! „Ach, Du Armer", sagt meine Freundin. „Geschieht Dir recht", denke ich und verteile schon mal die Bälle. „Wie viel bist Du denn gefahren? Sechzig? Siebzig? Achtzig?", fragt unser vierter Mann interessiert. Patrick winkt empört ab, besteht darauf, er sei nur 52 statt der erlaubten 50 gefahren. Die Frauen sehen sich mit wissendem Lächeln an. Sie kennen derlei nur allzu gut: Klar, eher irren sich eine Präzisionskamera und/oder vier Beamte als Patrick und sein Tacho. Wahrscheinlich kann er noch von Glück reden, daß ihm die Geschwindigkeitsübertretung nicht auch noch eine Beleidigungsklage eingebracht hat.

In vielen, vielen Männern steckt ein kleiner Michael Kohlhaas. Zugeben, daß er Mist gebaut hat? Einen Irrtum einräumen? Auf ein Recht verzichten? Sich vergleichen? Nicht mit ihm! Männer sind die hartnäckigsten Kunden im Petitionsausschuß des Bundestages, die nervtötendsten Leserbriefschreiber zum immer gleichen Thema, der Alptraum der Mediatoren in Nachbarschafts-Streitigkeiten und Eheberatungsstellen. Sie lassen eher eine Partnerschaft (egal ob beruflich oder im Bett) in die Brüche gehen, als eigene Fehler einzuräumen.

Denn Männer haben immer recht. Punkt.

62.

Wieso können Männer überall schlafen?

Märchen, man weiß es, enthalten oft einen wahren Kern. So handelt zum Beispiel die berühmteste Geschichte einer Schlafstörung von einer Frau und heißt deshalb auch nicht „Der Prinz auf der Erbse". Denn Männer können überall schlafen. Nicht nur in durchgelegenen Hotelbetten, im ruckelnden Schlafwagen, auf laschen Luftmatratzen im Zelt oder wo auch immer sonst keine Frau je ein Auge zutäte. Obendrein haben Männer die uneingeschränkte Fähigkeit zum Nickerchen zwischendurch. Das ist verbürgt seit Napoleon, der selbst im Sattel schlafen konnte. Deshalb sind Männer kein bißchen beschämt, sondern brüsten sich geradezu mit ihrem zweifelhaften Talent als Schlummerrolle.

Im Kino duseln sie ein an der spannendsten Stelle, wo's darum geht, ob zwei sich kriegen oder nicht. Im Theater hab ich schon mehrfach anstrengende Stücke durchgesessen mit einem schweren Männerkopf rechts und links auf der Schulter – wobei es sich bei dem linken um einen gänzlich Fremden handelte. Auch hämische Fernsehbilder aus dem Bundestag beweisen die männliche Gabe des gesunden Schlafes – nie sieht man dagegen im Plenum eine schlummernde Frau. Und am Arbeitsplatz erfrischen sich die Hinterbänkler bei der Montagskonferenz gern mal mit einer Mütze Schlaf. Männer dösen am Schreibtisch so leicht weg wie am Stammtisch. Auf dem Beifahrersitz, wo sie die Karte lesen sollen, taugen sie wenig: Schon nach zehn Minuten ertönt von dort keine Anweisung zum Abbiegen, sondern ein sonores Schnarchen. Als Babysitter sind sie – ob jung oder alt – nur mit Vorsicht zu verwenden, weil sich der heimkehrenden Mutter gewöhnlich das Bild eines tief und fest auf dem Teppich schlafenden Mannes bietet, um den herum die Kinder den größten Mist anstellen.

Da Männer überall schlafen können, beherrschen sie das abrupte Einschlafen erst recht im eigenen Bett. Wo sie zum Leidwesen von Milliarden Frauen weltweit unverzüglich nach der Liebe wegnicken. Statt ihrer Partnerin ins Ohr zu flüstern: „Du bist der Traum meiner schlaflosen Nächte."

63.

Warum sind Männer zu faul zum Suchen?

„Wer hat meinen kleinen Vierkant-Schraubenschlüssel zuletzt genommen?“ spricht der Mann mit strenger Stimme. „Und wer hat eine Ahnung, wo mein Angelschein sein könnte?“ Müde Reaktion des familiären Publikums. Papa hat mal wieder was verlegt und sucht jetzt Schuldige bzw. Spähtrupps.

Dagegen kommt es eigentlich nie vor, daß eine Frau bräsig auf dem Sofa sitzt und Mann und Kinder beschuldigt, ihre Wimperntusche oder den trägerlosen BH verschleppt zu haben. Wenn sie ihren blutroten Lippenstift vermißt, kramt sie so lange, bis sie ihn wiedergefunden hat.

Es heißt, wer aufräumt, sei nur zu faul zum Suchen. Unser Mann räumt zwar nicht auf – aber trotzdem findet er Fragen bequemer als Suchen.

Gewitzte Kinder verstecken Vaters Sonnenbrille, Portemonnaie, Schlüsselbund, Digitalkamera (die sie wie üblich auf dem Deckel der Mülltonne oder in der Fallgrube des Sofabezuges gefunden und eingesackt haben) und warten fröhlich, bis der verzweifelte Erziehungsberechtigte eine Belohnung aussetzt fürs Wiederfinden der verschusselten Gegenstände. Damit läßt sich mancher Euro verdienen.

Neulich war ich bei meiner Freundin Gerda zum Tee. Ihr Mann schickte sich gerade an, eine kleine Reise anzutreten, und sollte mit Kofferpacken beschäftigt sein, statt unseren hochinteressanten Gesprächen über schlampige Männer zu lauschen. Unser Tee wurde kalt, denn der Mann kam alle zwei Minuten angetrabt mit Verlorenheit im Blick und löcherte mit Fragen: „Weißt Du, wo die Nagelschere ist? Wo könnten meine Badelatschen sein? Hat jemand mein kariertes Hemd gesehen?" Nachdem Gerda vier oder fünf Mal schweigend aufgestanden war und mühelos den gesuchten Gegenstand herbeigeschafft hatte – er lag fast ausnahmslos an seinem angestammten Platz –, hatte sie die Zofendienste satt und beschied den unorganisierten Mann: „Bitte tu doch nicht immer so, als ob Du hier nicht seit zwanzig Jahren wohnst!"

64.

Was auch kluge Männer schwach macht

Natürlich wollen alle Frauen einen intelligenten Mann haben. Einen, der weiß, wie ein Hologramm funktioniert und der Hammelsprung im Parlament. Der Lucian Freud von Sigmund Freud unterscheiden kann. Der aus dem Stand einen Vortrag über Fluch und Segen der Mehrwertsteuer halten kann.

Bisweilen freilich stellt man sich aber doch klammheimlich die Frage, ob der intelligente Mann an unserer Seite wirklich Segen ist oder nicht manchmal Fluch. Zum

Beispiel, wenn er uns vorrechnet, wie drastisch unsere Strom- und Wasserkosten sinken könnten, wenn wir (wie er) morgens nur mal kurz unter die Dusche sprängen statt unseren Weltschmerz mindestens dreimal die Woche in einem ausgiebigen Wannenbad zu ertränken.

Oder wenn er mit spitzen Fingern unsere Lieblings-Klatschzeitschrift anfaßt und fragt, wieso wir derartigen Schund lesen. Intelligente Frauen kontern dann, daß sie diese Lektüre fürs Schaumbad brauchen, um den Halbleinen-Skakespeare oder den ledergebundenen Goethe nicht naß zu machen.

Noch klügere Frauen gehen zum Gegenangriff über und überlegen, womit sich ihr Mann eigentlich entspannt. Denn was, glauben Sie eigentlich, verbirgt der gebildete Mann unter der Formelsammlung fürs dritte Lehrjahr oder den Kommentaren zum Dow-Jones-Index auf seinem Schreibtisch? Haben Sie keine Berührungsscheu! Und auch nicht zuviel Phantasie! Nur in seltenen Fällen werden Sie ein Porno-Magazin entdecken. Häufig dagegen das Schnäppchen-Blatt vom Praktiker-Markt. Oder die Sonderangebots-Zettel der umliegenden Discounter. Während Frauen ein flüchtiger Blick auf diese megabunten Publikationen genügt, um festzustellen, daß sie keine Tischkreissäge zum Vorzugspreis brauchen und auch keine Nordic-Walking-Stöcke im Familienpack, studiert der Mann derlei Offerten, als wär's die Heilige Schrift.

Sollte, könnte, müßte man sich vielleicht eindecken mit australischer Erdnußbutter oder brauner Schuhcreme, solange noch kein Bedarf besteht?

65.

Was Männer so mit sich herumtragen

Manche Männer finden's abartig. Andere fühlen sich halbnackt ohne. Das Gros der Männer probiert es irgendwann im Leben einmal aus. Die Rede ist hier von Bärten.

Nun ist Bart nicht gleich Bart: Zwischen dem feinen Pinselstrich eines Menjou-Bärtchens auf der Oberlippe und der nahtlosen Matte von den Nasenlöchern bis zum Schlüsselbein liegen Charakterwelten.

Der beschriebene Rauschebart zum Beispiel wird vorwiegend getragen von Weihnachtsmännern, exzentrischen Dichtern, gewesenen Bundestagspräsidenten, Verkäufern von Obdachlosenmagazinen und religiösen oder politischen Fundis. Schütteres Ziegenbärtchen ist eher in der Popszene und bei Esoterikern Mode. Kinn- und Backenbart, geformt wie ein Hufeisen, erfreut sich besonders bei Skandinaviern und anderen Naturburschen einer treuen Anhängerschaft. Oberlippen- und Kinnbart ergeben jene populäre ovale Behaarung, die bei Dunkelhaarigen von Weitem immer so aussieht wie ein erstaunt aufgerissener Mund.

Der Dreitagebart galt jahrelang als Firmenausweis smarter Jungmänner in der Werbebranche und wurde deshalb gern kopiert von Möchtegern-Kreativen. Hat aber auch große Anziehungskraft auf solide Anzugträger, die zumindest in den Ferien mal den Robinson rauslassen wollten.

Der Schnauzer hat seine Anhänger in ganz verschiedenen ideologischen Lagern: von Saddam Hussein über CSU-Gauweiler bis zum Nobelpreisträger Günter Grass. Grundsätzlich ist er derzeit nicht besonders in Mode, außer bei Provinzpolizisten, die ihn gern mit Koteletten kombinieren. Andererseits erlaubt der Schnäuzer mehr Styling-Möglichkeiten als andere Bärte. Man kann ihn zwirbeln wie weiland Kaiser Wilhelm, zur Briefmarke stutzen wie Hitler oder zur Nagelbürste scheren wie SPD-Fraktionschef Struck.

Ob wallend oder winzig: Der Bart leistet dem Manne ähnliche Dienste wie das Make-up den Frauen. Wird in der zarten Jugend gern getragen, um älter auszusehen. Und im Alter, um abzulenken von gewissen ästhetischen Problemen wie Doppelkinn und Falten. Hinzu kommt das spezifisch männliche Problem mit dem schwindenden Haupthaar, was viele Betroffene dazu verführt, wenigstens im Gesicht Haarfülle zu zeigen.

66.

Wenn Männer neugierig sind

Natürlich sind Männer nicht neugierig. Das steht schon in der Bibel und im Kinderbuch. Eva wollte partout von diesem Apfel essen ... und das göttliche Leben mit den Heinzelmännchen von Köln ging abrupt zu Ende, denn „neugierig war des Schneiders Weib". Also nicht etwa Herr Schneider.

Der Glaube an diese kulturelle Übereinkunft ist mir im Lauf der Jahre abhanden gekommen. Männer sind nur wesentlich geschickter im Tarnen und Befriedigen ihrer Neugier. Wenn in unserer Straße ein Auto mit Blaulicht und Sirene vorfährt, bringen plötzlich Männer den Müll raus, die man sonst nie bei dieser Tätigkeit erlebt. Wenn ein neuer Nachbar einzieht, gehen Väter, die sonst ihre Kinder schicken, höchst ausgiebig mit dem Hund Gassi. Um einen Blick in den Möbelwagen zu tun und Rückschlüsse auf den künftigen Mitbewohner zu ziehen.

Mich hat noch nie eins dieser gräßlich jaulenden KFZ-Alarmsysteme vom Sofa gerissen; unser Auto hat gar keins, warum sich also aufregen? Den Mann hält es bei diesem Ton nicht im Haus: Er muß wissen, was los ist. Da er meinen Papierkorb schon vor einer Stunde rausgebracht hat, als gegenüber der Rettungswagen hielt, pumpt er jetzt unaufgefordert mein Fahrrad auf. Deswegen finde ich die geleugnete Neugier der Männer höchst sympathisch.

67.

Wie man Männer richtig anzieht

Noch nie hat man von einem Mann vorm vollen Kleiderschrank den Stoßseufzer gehört: „Ich hab nichts anzuziehen!“ Frauen sehen das bekanntlich anders. Sie sehen auch ihre Männer bisweilen anders als mit den Augen der Liebe:

Der Hemdkragen hat sich am Bartwuchs fusselig gescheuert. Durch die Ellbogen seines Pullovers kann man Zeitung lesen. Das dunkle Jackett spannt überm Bauch und die Flanellhose sieht aus, als trüge er Knieschoner drunter. In diesen Momenten reißt auch der sanftmütigsten Frau der Geduldsfaden und sie spricht streng: „So gehe ich mit Dir nicht zu Annabelles Geburtstag!“

Es soll zwar Männer geben, die ganz von allein ein Kaufhaus betreten und sich eine neue Hose kaufen. Beneidenswert, die weiblichen Angehörigen solcher Männer! Die meisten, die ich kenne, sind zu solch einem Akt des freien Willens nicht in der Lage. Sie brauchen einen Coach dazu. Ihre Frau, Freundin oder Tochter.

Wir wissen aus Erfahrung, daß es wenig Sinn ergibt, den Mann allein zur neuen Einkleidung zu schicken. Weil er dann mit leeren Händen zurückkommt und behauptet, nichts Passendes gefunden zu haben. Oder mit einer Adidas-Radlerhose statt Blazer. Auch sind solo einkaufende Männer beliebte Zielpersonen für Ladenhüter. „Gönnen

Sie sich doch mal was Flotteres", säuselt die Verkäuferin und dreht dem leicht beleibten Endfünfziger das eisblaue Sakko an und die Cargo-Pants der vorletzten Saison.

Zur Strafe dafür, daß wir seine geliebte Cordhose mit dem Hängehintern dem Rotkreuzcontainer überantwortet haben, müssen wir den Widerstrebenden nun zum Herrenausstatter zerren. Vor Ort gilt es, seinen Fluchtreflex aus der Umkleidekabine zu bremsen. Am besten man stellt sich breitbeinig davor und reicht immer neue Kleidungsstücke hinein. Von drinnen dringt leises Fluchen und Gejammer. Das muß man aushalten.

Denn eher geht ein Kamel durchs Nadelöhr, als daß sich unser Mann ohne Beaufsichtigung einen anständigen Mantel kauft.

68.

Worauf Männer reinfallen

Psychologen benutzen vornehme Umschreibungen für diesen Mann, den auch Sie garantiert kennen: Als Peter-Pan-Typ oder Mister Gadget ist er in die moderne Forschungsliteratur eingegangen.

Peter Pan ist der männliche Mensch, der nie erwachsen werden will. Sondern immer spielen. Mister Gadget will immerfort kaufen. Nein, leider keine Aktien im Aufwind und auch keine Eigentumswohnung für Sie beide. Sondern eher so Zeug wie den neuartigen Rasierer mit Scherblatt aus Vulkangestein, Zeitschaltuhren für die Waschmaschine, Akku-Bohrer, die man auch im Handstand bedienen kann. Ganz zu schweigen von Armbanduhren: Mein Freund Axel hat ein ganzes Kästchen voll davon. Eine, die ihm im Meer die Wassertemperatur mißt. Eine andere, die ihm bei Ausflügen ins Gebirge die Höhenmeter anzeigt. Ich will nicht behaupten, daß er weder schwimmen noch bergsteigen kann – aber er frönt beiden Sportarten hauptsächlich als Zuschauer am Fernseher. Dann hat er noch eine im Safe, die so edel ist, daß er sie seinem Sohn vermachen will. Den er noch gar nicht hat – aber die Patek-Philippe-Anzeige hat ihn angetörnt. Und dann kenne ich noch Jörn, der sich ebenfalls für sehr weltmännisch hält, weil er zwei Armbanduhren gleichzeitig trägt: Seine Tochter arbeitet als Au-pair in einem Londoner Vorort. Dort gehen die Uhren bekanntlich anders. Genau eine Stunde.

In gutsituierten Haushalten gönnt man dem Mann seine Spielsachen gern – wenn nur nicht so viel Schrott von der Erfindermesse dabei wäre, der über kurz oder lang die Schränke verstopft! Mister Gadget ist der Idealkunde bei Tchibo und beim Teleshopping-Kanal. Dort verproviantiert er sich mit Unsäglichkeiten, die interessant klingen und selten funktionieren. Mit dem Fernbedienungsdimmer, der bis zu fünf Lampen manipuliert. Leider meistens die falschen. Mit dem elektronischen Codeschloß, das ganz selbständig neue Geheimzahlen erfindet, die es aber irgendwie vergisst, uns mitzuteilen.

Die neuste Anschaffung bei uns zu Hause ist diese fabelhafte Solarzellen-Taschenlampe. Der Mann verwahrt sie in der Küchenschublade für den Fall, daß mal der Strom ausfällt. Wie sich in der gruftigen Schublade die Sonnenzellen aufladen sollen, hat er mir nicht verraten.

69.

Was sich Männer zu Weihnachten wünschen

Der Briefkastenschlitz ist mit einem Tannenkranz verhängt, die funkelnde Lichterkette schlängelt sich vor dem Schrank mit den Kontoauszügen. Und dauernd schreit die Frau: „Mach die Tür zu! Es zieht!" – weil dann die vielen gemütlichen Kerzen tropfen.

Es ist eine schwere Zeit für Männer. Denn Frauen wollen, so klagen Männer, zu Weihnachten immer die Wohnung rausputzen. „Saisonal dekorieren" nennen sie das. Dieser Putzfimmel macht zum Leidwesen der Männer selbst vor lebenden Objekten nicht halt. Der Familienhund kriegt ein witziges Halsband im Adventskranz-Look. Und auch der Mann wird zu Heiligabend angehalten, sich festlich auszustaffieren. Grummelnd verzieht er sich ins Bad zum Anlegen eines Schlipses. „Warum soll man sich zu Weihnachten fein machen?" flucht er beim Rasieren – wo doch Jeans und Sweatshirt viel praktischer wären zum

Zerlegen von Karpfen oder Gans! Müssen Oma und Opa wirklich mit einem Umweg über die Kirche von einem Mann im weißen Hemd abgeholt werden?

Wenn es nach Männern ginge, würde es zu Weihnachten in deutschen Stuben ganz anders aussehen. Im Zeichen der Globalisierung könnte man sich mal ein Beispiel nehmen an den Franzosen oder Amis mit ihren Plastikbäumen. Da nadelt nix und zum Aufklappen wird auch kein starker Mann gebraucht. Gemütliche Weihnachten? Wenn es schon was Frommes sein soll, würden Männer lieber die DVD „Vier Fäuste für ein Halleluja" auflegen statt die Wiener Sängerknaben.

Die Geschenke würden ohne Umschweife in der Originalverpackung mit aufgeklebtem Kassenbon gereicht – da spart man sich das Altpapier von morgen und das Gedöns beim Umtauschen. Am männerfreundlichsten sind ohnehin Gutscheine: schnell hingekritzelt das Versprechen für einen Pullover, ein Parfum oder dreimal Kelleraufräumen. Zumal die Erfahrung lehrt, daß solche Gutscheine häufig im Portemonnaie oder an der Pinnwand der Beschenkten verlorengehen und somit nie eingelöst werden müssen.

70.

Warum haben Männer im Alltag so wenig Phantasie?

Schriftsteller, Maler, Modeschöpfer haben reichlich davon – nur den Männern, mit denen wir es zu tun haben, geht die Phantasie im allgemeinen ziemlich ab.

„Was wollen wir morgen essen?" fragt die Frau. „Kotelett", sagt der Mann. Könnte er nicht einmal, und sei's bloß, um uns zu verblüffen, antworten: „Gebratene Tauben mit Stachelbeersauce" oder „Froschschenkel mit Roquefort"? Nein. Wenn man ihm vorhält, daß es erst gestern Kotelett gab, kommt als Alternative höchstens „Spaghetti" oder etwas ähnlich Unoriginelles.

„Was sollen wir Deinem Freund Rolf zum Geburtstag schenken?" „Na, Blumen. Oder ein Buch." „Was für ein Buch?" „Vielleicht ein Hundebuch. Die haben doch einen Hund, oder?" Es ist dem Mann entfallen, daß Rolf und Kerstin keinen Hund, sondern eine Katze haben und keine Katzenbücher brauchen, weil sie schon 117 haben. „Was soll ich morgen ins Theater anziehen?" „Ooch, dasselbe wie letztes Mal, stand Dir gut!" Jetzt bloß nicht fragen, was man denn seiner Meinung beim letzten Theaterbesuch anhatte – die Fehlerquote liegt bei 99%! „Findest Du, ich sollte mir die Haare mal ganz kurz schneiden lassen oder blond färben?" Wetten, daß er findet, das sei nicht nötig – man gefalle ihm auch so ganz gut? Weil er sich's mangels Phantasie nicht vorstellen kann.

71.

Wo, wie und warum Männer ihre Socken liegen lassen

Die Story vom Mann, der im Bett seine Socken anbehält und dadurch vom feurigen Liebhaber zur Lachnummer mutiert, ist so oft erzählt worden, daß sie im wahren Leben zum Glück fast ausgestorben ist. Man sollte also nicht behaupten, daß Männer nicht lernfähig sind. Allerdings haben sie sich sockentechnisch eine neue Marotte zugelegt: Statt ihre Strümpfe in sensiblen Situationen wie Sex anzulassen, ziehen sie diese bei jeder sich bietenden Gelegenheit aus. Als Frau stolpert man an den unglaublichsten Orten über schmutzige Herrensocken: Sie knäulen in Schuhen und Jeanstaschen statt im Wäschekorb. Sie verstecken sich in der Sofaritze und unterm Bett – manchmal lagert dort eine ganze Wochenration. Sie liegen nonchalant neben der Kloschüssel – da hat er mal kurz eine Pediküre eingelegt und hinterher neue angezogen. Im Handschuhfach des Autos – „Mich hat's unterwegs plötzlich so am großen Zeh gejuckt." In der Jackettasche seines dunklen Anzugs – „Auf dem Weg zur Konferenz hab ich gemerkt, daß ich eine blaue und eine braune Socke anhatte, und mir schnell neue gekauft." Man entdeckt sie im Werkzeugkasten: „Nein! Nicht wegwerfen! Das sind prima Polierlappen!" Und in der Einkaufstasche finden wir seine Lieblings-Norwegersocken mit Löchern – die wollte er seiner Tante zum Stopfen bringen, die kann so was nämlich noch.

72.

Wie Männer zum Ziel kommen

Ein Mann und eine Frau wollen in Urlaub fahren. Sie hat Angst vorm Fliegen. Und ihm graust's vor Schiffsreisen, weil Wasser doch keine Balken ... obwohl er das natürlich nie zugeben würde. Jedenfalls hat man sich nett auf Oberitalien geeinigt oder auf Kärnten und der Mann ist seit Tagen damit beschäftigt, das Auto reisefest zu machen und die Route zu planen. Geschickt hat er den ersten Tankstopp so vorgesehen, daß er nur 20 Minuten vom Modelleisenbahn-Museum entfernt liegt, welches er schon immer mal besuchen wollte oder vom Nürburgring. Er wird dann scheinheilig sagen: „Liebling, wo wir doch grad zufällig hier in der Nähe sind ...", und sie wird sich seufzend ihrem Schicksal ergeben. Auf diese Weise hat sie schon Staudämme, Hochöfen, historische Schlachtfelder, Fußballstadien und Brauereien besichtigen müssen.

Was er nicht weiß: Auch seine Frau plant heimlich Routen. Sie gedenkt nämlich, einen Abstecher zu der in Bayern lebenden Schulfreundin zu machen und außerdem hat sie eine Landkarte mit sämtlichen Designer-Outlets Deutschlands in der Handtasche. Wenn sie ihn am Steuer ablöst und ein melodisches Schnarchen vom Beifahrersitz ertönt, wird sie die passende Ausfahrt nehmen und hinterher behaupten, sie habe sich verfahren. Das glaubt er nämlich sofort.

73.

Wenn Männer alles selber können

Ich beneide meine Freundin Annabelle, die mit einem Ingenieur verheiratet ist. Der Mann in meinem Bett ist keiner, denkt aber, er wäre einer. Mit anderen Worten: Er ist ein leidenschaftlicher Heimwerker. So was kommt teuer zu stehen. Bereits in der Anschaffung der notwendigen Spielsachen. Unsere Besenkammer quillt über von Schlagbohrern, Akku-Schraubern, Winkelschleifern, Rohrzangen und Lötkolben. Aber das wär noch nicht das Schlimmste.

Schlimmer ist, daß es seine Ehre verletzt, wenn ich erwäge, einen Handwerker zu rufen. Das kann er doch genausogut und viel billiger! Schneller allerdings nicht. Es war viel Betteln und Barmen nötig, bis er sich mit dem Hobel an die klemmende Klotür machte. Jetzt klemmt sie nicht mehr, dafür kann man bequem eine Zigarettenschachtel drunter durchschieben. Zweimal abgeschnitten und doch zu kurz, nennt das der Fachmann.

Auch die Stereoanlage funktioniert wieder – aber nur, wenn man zwei Kilodosen Sauerkraut aufs CD-Fach stellt. Den Rolladen im Schlafzimmer hat der Mann ebenfalls wieder hingekriegt. Allerdings geht er jetzt nur noch zur Hälfte auf. Der Mann meint, das mache nun wirklich nichts, schließlich hielten wir uns doch eh meist bei Dunkelheit dort auf. Das Parkett im Wohnzimmer ist neu abgezogen, selbst war der Mann mit einem Leihgerät, und seither wackeln alle Stühle, weil der Mann in der Zimmermitte irgendwie viel energischer geschliffen hat. Was, wie er sagt, den Vorteil hat, daß heruntergefallene Knöpfe, Euros oder Rheila-Perlen automatisch in die Zimmermitte kullern. Übernachtungsbesuch pflegt bei uns schreckensbleich aus dem Badezimmer zu kommen. Weil die Personenwaage nach Reparatur durch den Hausherrn 4,5 Kilo zuviel anzeigt. Er meint, das sei doch egal, solange man kopfrechnen könne.

Ich weiß, daß ich ungerecht bin: Aber während ich die wackeligen Kerzenhalter und klumpig getöpfteren Aschenbecher, welche unsere Sprößlinge dereinst zu Fest- und Feiertagen ablieferten, mit Rührung betrachtete und ihnen einen Ehrenplatz einräumte, erzeugen die Bastelversuche des Angetrauten bei mir eher genervtes Augenrollen.

74.

Wenn Männer „mitmüssen"

Gerüchteweise habe ich davon gehört: Es soll Männer geben, die gern ausgehen, während ihre Frauen viel lieber zu Hause bleiben. Aus eigener Anschauung und nach eingehendem Studium meines Bekanntenkreises kenne ich eher den umgekehrten Fall. Heute abend zum Italiener? Ach, Schatzi, wir können doch auch den Pizza-Service ... Morgen ins Kino? Liebling, laß uns lieber die DVD ausleihen, ist doch viel gemütlicher daheim ... Am Sonntag in die Opern-Matinee? Das wird ein teurer Mittagsschlaf, Du weißt doch, daß ich da immer einnicke. Haben wir „La Traviata“ nicht auf CD?

Gesträubtes Fell auch beim Ansinnen der Frau, mal wieder ins Museum zu gehen. Da ist immer so staubige Luft, und bei der Vernissage stehen lauter smarte Menschen in Schwarz mit Designerbrillen herum und überhaupt, sagt unser Mann, sieht er sich lieber Bilder in Büchern an.

Vollends kläglich wird die Miene des Mannes, wenn es um den Geburtstag entfernter Verwandter geht: „Muß ich da wirklich mit? Ich kenne Deine Nichte doch kaum. Und sie hat so komische Freunde.“ Alarmstufe drei, wenn unsere Freundin Ortrun zur Party lädt: Ortrun ist eine leidenschaftliche Tänzerin und pflegt bei ihren Festen nicht zu ruhen, bis der Wohnzimmerteppich aufgerollt ist und die Gäste im tapsigen Tangoschritt umherstolpern. An diesem Abend streckt es unseren bedauernswerten Mann regelmäßig mit einer Blitz-Grippe nieder.

75.

Was Männer wirklich besser können

Auch wenn es nicht immer den Anschein hat – es gibt nachweislich das ein oder andere, wofür Frauen die Männer bewundern. Laut einer seriösen Meinungsumfrage finden es 31 % aller Frauen schwer in Ordnung, daß Männer „bei Konflikten nicht immer zig Meinungen einholen". Hören wir da ein bißchen Selbstkritik und schlechtes Gewissen heraus? Weil man selber vielleicht manchmal ganz schön ungebremst mit den Freundinnen über ihn herzieht, während er offenbar mehr Diskretion walten läßt über seinen Sparringspartner im Geschlechterkampf? Noch mehr Frauen, nämlich 43 %, finden es fabelhaft, daß Männer „nicht so viel über die Beziehung grübeln". Auch hier vernehmen wir das unangenehme Knarzen der Selbsterkenntnis – oder ist es die Erleichterung, daß der Mann in unserem Bett offenbar nicht alles mitkriegt, was wir laut oder leise an ihm zu bemängeln haben, sondern recht zufrieden ist mit dem, was wir ihm zu bieten haben? Am verblüffendsten fand ich freilich, daß satte 47 % der Frauen auf Männer neidisch sind wegen deren Fähigkeit, „sich nach einer Trennung ruckzuck neu zu binden".

Also, ich war einfach nur stinksauer, als mein Verflossener schon einen Tag nach unserem Knatsch mit der großbusigen Elvira anbandelte! Während ich drei Jahre brauchte, um mir was Besseres zu angeln.

Aber nachdem ich eine Weile nachgedacht hatte, fiel mir plötzlich ein, daß dies endlich mal eine glaubhafte und volkstümliche Erklärung ist für die Freudsche Theorie vom Penisneid.

76.

Wenn Männer beleidigt sind

Wenn Männer beleidigt sind, dann ... halt, stop, schon falsch! Männer sind nicht beleidigt. Männer haben gelegentlich berechtigten Grund zur Verstimmung. Sie sind kühl, wortkarg, reserviert wegen erlittenen Unrechts. Aber doch nicht beleidigt; das klingt schließlich so nach Schmollen und irgendwie weibisch. Und wenn sie doch einmal belei... – pardon: irgendetwas krummgenommen haben, dann sind sie überzeugt, man merke es ihnen nicht an. Dabei riecht man es zehn Meter gegen den Wind.

Nein, nein, das Essen ist in Ordnung, aber er hat heute einfach keinen Appetit. Kino? Keine Lust. Die Nachbarn einladen? „Wenn Du meinst ..." Das Sofa neu beziehen? „Wie Du willst ..." Selbst Männer, die sonst zu allem und jedem etwas zu sagen haben, werden verdächtig einsilbig, wenn ihnen irgendwas die Petersilie verhagelt hat. Oft genügt es, wenn die Frau unvermutet etwas besser kann als der Mann: ausländisch parlieren auf der Ferienreise, das Schraubdeckelglas, an dem er sich vergebens versucht hat, mit einem Klick aufkriegen, ihn beim Tennis vernichtend schlagen. Dicke Luft kann man sich auch einhandeln, wenn man einen anderen Mann bittet, etwas zu erledigen, worum man den eigenen lange vergebens gebeten hat: das Auto zum TÜV zu bringen oder endlich das Treppenhauslicht zu reparieren. Wo er doch gerade selber vorhatte, morgen die defekte Glühbirne auszuwechseln! Die wenigsten Männer verlassen türenknallend die Wohnung, wenn ihre Laune auf dem Gefrierpunkt ist. Erstens hat nicht jeder einen Verein oder eine Stammpinte, wohin er sich mit seinem Groll verziehen kann. Zweitens würde ihn das ja Lügen strafen – er hat doch eben dreimal auf die Frage „Was ist denn los mit Dir?“ stoisch geantwortet: „Wieso? Gar nichts!“ Und drittens macht ein gekränktes Ego wenig Spaß, wenn keiner zuschaut.

Der Partner soll schließlich auch was davon haben!

77.

Wie Männer in Möbelhäusern leiden

Mein Schwager Klaus hat eine Formaldehyd-Allergie. Sagt meine Schwester, weil er es ihr so erklärt hat. Das Leiden trat zum ersten Mal auf nach einem ausgiebigen Ikea-Bummel, wo es ihn kurz vorm Ende der zweiten Stunde an den Glühwein-Stand vor dem Ausgang trieb. Dort ging es ihm gleich besser. Er könne einfach, sagt mein Schwager, die Ausdünstungen in den Wohngeschäften nicht ertragen. Reagiert darauf mit trockenem Mund, Kribbeln auf der Haut, Hitzewallungen, schlechter Laune. Vor allem letzteres ... Erste Zweifel an dieser Selbstdiagnose kamen meiner Schwester, als diese Symptome auch in Porzellan- und Stoffläden und anderen garantiert formaldehydfreien Räumen auftraten.

Daß Männer in Damenboutiquen klimakterische Zustände kriegen, weiß jedes Teenie-Girl. Weswegen kluge Frauen zwischen acht und achtzig sich dorthin lieber von einer Freundin begleiten lassen als von einem Mann. Soll jedoch ein Eßtisch oder ein Sofa angeschafft werden, so glauben viele Frauen sehr naiv, die sorgsame Wahl müsste doch auch den interessieren, der es mitbesetzt, mitbesitzt und mitbezahlt. Ein Irrtum.

Was Männer von ihrer Wohnung erwarten, ist *room service* in des Wortes voller Bedeutung: Da sollen gemütliche Möbel in nicht zu empfindlichen Farben stehen und Schluß. Außerdem gilt: Ein Mann, ein Wort – ein Mann, ein Ziel. Will ein Mann einen Küchenhocker kaufen, begibt er sich schnurstracks in die Abteilung Küchenhocker, ohne wie die Frau nach rechts und links zu gucken und in Entzückensschreie auszubrechen der Art „Guck mal, dieses aparte Raffrollo!“ oder „Wär das nicht ein schöner Schreibtisch?“ – „Wir haben schon zwei Schreibtische“, entgegnet der Mann irritiert, vorwärtsstürmend zu den Hockern, während die Frau sofort alle Schubladen ausprobiert und auch noch eine Nachttischlampe streichelt.

Männer werden entweder barsch oder unpäßlich, wenn sie gebeten werden, tagelang bei verschiedenen Beleuchtungen Bezugsstoffe zu beurteilen. Und ob die neue Kaffeekanne den Henkel rechts oder links hat, ist ihnen Wurscht!

78.

Wenn Männer die Familie aufteilen

Wie wir ständig in der Zeitung lesen müssen, sind die schulischen Leistungen der deutschen Kinder miserabel. Was die Pisa-Studie verschwieg: Ihre Väter sind um keinen Deut besser. Vor allem nicht in Grammatik. Zum Beispiel beugen die meisten Männer die besitzanzeigenden Fürwörter einfach so, wie es ihnen paßt. Sie knurren: „Deine Tochter hat schon wieder eine Fünf in Französisch.“ Und sprechen vom selben Kind, wenn sie erzählen: „Meine Tochter spielt im Schulorchester die erste Geige!“

Sie sagen: „Mein Hund gehorcht aufs Wort" – aber: „Dein Köter hat schon wieder Flöhe!" Es heißt bei Männern: „Kannst Du Deiner Putzfrau nicht mal sagen, sie soll nicht immer ...", aber: „Mein Auto hat sechs Zylinder." Obwohl wir in Zugewinngemeinschaft leben und nicht in Gütertrennung, ist ihnen das Wörtchen „unser" seltsam fremd, sobald sie sich über irgendwas oder irgendwen ärgern. „Deine Waschmaschine schleudert nicht richtig" und „Deine Freundin hat schon wieder angerufen" – wobei es sich um eine gemeinsame Bekannte handelt, die bloß den Fehler beging, während der Sportschau anzurufen. Womit sich prahlen läßt, konjugiert der Mann in der ersten Person, was ihm nicht paßt, wird der Frau zugeschoben wie der Schwarze Peter im Kartenspiel.

Insgeheim warte ich auf den kritischen Tag, an dem mein Mann zu mir sagt: „Deine Frau geht mir gewaltig auf die Nerven!"

79.

Wie Männer ihren Parkplatz verteidigen

Der Mann, so will es das überlieferte Rollenbild, ist dazu da, Haus und Hof sowie das Vaterland zu verteidigen. Das alte Rollenbild ist jedoch brüchig geworden: Wölfe gibt es nicht mehr in unseren Breiten, das Haus wird zweckmäßiger durch eine Alarmanlage geschützt und bei der Bundeswehr dienen inzwischen auch Soldatinnen. Auch die eigene Frau ist vor Angriffen ganz gut geschützt, seit Karate und andere Kampfsportarten sich in der weiblichen Bevölkerung zunehmender Beliebtheit erfreuen.

Wen oder was soll er also verteidigen? Bleibt eigentlich nur sein Parkplatz. Den verteidigt er mit Inbrunst. Gelegentlich auch mit Zähnen und Klauen, wie man jede Woche in der Zeitung lesen kann, wenn es wieder mal zu Tätlichkeiten zwischen zwei Autofahrern kam, die es auf denselben Parkplatz abgesehen hatten.

Es liegt in der Natur der Sache, daß Parkplatz-Verteidiger meist keine eigene Scholle mit Garage und Carport besitzen – weswegen sie um so verbitterter ihr Hausrecht geltend machen an dem Stückchen Asphalt vor ihrer Wohnungstür. In unserer Straße wohnt ein Rentner, der längst kein Auto mehr hat, aber den ganzen Tag hinter der Gardine steht und aufpaßt, daß sich niemand auf seinen gekennzeichneten Parkplatz stellt. Ich kenne Männer, die die Nummer der nächsten Polizeiwache auswendig können, weil sie alle Naslang dort anrufen und den

Abschleppdienst anfordern. Andere schützen einen Parkplatz – der strenggenommen gar nicht ihrer ist, denn Gewohnheitsrecht gilt hier nicht –, indem sie beim Wegfahren listig das lädierte Moped ihres Sohnes als Besetzt-Zeichen draufstellen. Es geht ihnen einfach um Besitzstandswahrung. Um den steinzeitlichen Instinkt, ihr Revier abzugrenzen.

Ein Fremdparker auf ihrem Parkplatz ist den meisten Männern so widerlich wie einer Frau die Vorstellung, ein Fremder benutze ihre Zahnbürste.

80.

Wie Männer auf die Waage steigen

Die Sonne bringt es an den Tag: Der Gürtel spannt, die Hosentaschen sperren, überm Krawattenknoten hängt ein Kinn zuviel. Sein Konterfei in der spiegelnden Schaufensterscheibe erschreckt den Mann, der erstmals wieder ohne Jacke unterwegs ist. Er muß dringend ein bißchen abnehmen! Das hat ihm seine Frau zwar schon des Öfteren vornehm angedeutet. Aber da hat er gerade weggehört. Die Frauen mit ihren ewigen Diäten – Weiberkram! Kalorienzählen findet er irgendwie unmännlich. Lästig, lustfeindlich, langwierig.

Wenn Männer dünner werden wollen, muß das grundsätzlich schlagartig passieren. Ratzfatz werden sündhaftteure Joggingschuhe und ein Heimtrainer angeschafft, der das halbe Schlafzimmer in Beschlag nimmt. So wie Boxer „abkochen", rennt unser Mann nun dick vermummt bei 25 Grad zehn Mal um den Weiher und trampelt mit glutrotem Kopf auf dem Stairmaster herum, weil er Schweiß mit Fettverbrennung verwechselt. Er, der monatelang aus gutem Grund einen Bogen um die Waage machte, kontrolliert nun sein Gewicht freudig wie ein kleiner Junge nach jedem Wasserlassen. In jedem Fitness-Studio läßt sich beobachten, daß Männer lieber dreimal kurz am schwersten Eisen reißen, statt die empfohlenen fünfzig Mal die leichteren Gewichte zu stemmen. So handhabt er auch sein FdH-Programm. Nach dem Motto „Ein Indianer kennt keinen Schmerz" läßt er das Frühstück ausfallen, mümmelt mittags zwei harte Eier, hat kurz vor Feierabend einen Schwächeanfall und ißt daraufhin ein Stück Schwarzwälder Kirschtorte.

Bisweilen engagieren Männer auch die Frau an ihrer Seite als Diät-Assistentin. Sie raspelt Möhren, schnibbelt Gurken, ersetzt sein Bier durch Brennesseltee und blickt bei Tisch in ein anklagendes Gesicht. Nach dem Salatteller muß er noch mal rasch zum Briefkasten; der hängt ganz zufällig direkt neben der Frittenbude.

Das Gemeine ist: Trotz aller Diät-Todsünden sind Männer so gebaut, daß sie doppelt so schnell abnehmen wie wir.

81.

Was Männer unterm Hemd anhaben

Viele Männer fürchten zu Recht, daß sie im Bett und im angrenzenden Intimbereich – also kurz davor und kurz danach – ihrer Partnerin bisweilen mißfallen. Das liegt oft nicht an ihrer Performance, wie man auf neudeutsch die körperliche Liebe nennt. Und auch nicht am Körperbau des jeweiligen Mannes. Sondern daran, wie er ihn verkleidet bzw. verunstaltet. Über wenige Kleidungsstücke gibt es mehr stumme weibliche Seufzer als über das Männerunterhemd. Während sich viele Männer bei der Auswahl ihrer Pullover oder Mäntel ganz gern von Frauen beraten lassen, glauben sie, unterwäschemäßig längst mündig zu sein. Das ist sehr oft nicht der Fall.

Warum müssen ausgerechnet Männer mit starkem Bartwuchs diese Stehbund-T-Shirts tragen, deren Ränder schon nach kürzester Zeit aufgescheuert und ausgefusselt sind? Die, wenn er sich mal feinmacht, vorlaut über Hemd und Windsorknoten lugen?

Warum müssen Männer mit klar definierter Hühnerbrust (wir wissen: das sind oft die Intellektuellen und die guten Menschen) unbedingt ein sogenanntes *muscle shirt* anziehen, das ihre Bizeps-Defizite vollfett zur Geltung bringt? Womöglich auch noch in Schwarz, damit es mit ihrer Büroblässe kontrastiert?

Andererseits sind auch Unterhemden mit Halbarm ein ästhetischer Graus, wenn sie in der Sonne angelassen werden und dann die berüchtigte Bauarbeiter-Bräune hervorrufen: bleicher Rumpf an dunklen Unterarmen. Ein derart gegrilltes Hähnchen würde man sofort zurückgehen lassen, und auch so kolorierte Männer machen wenig Appetit.

Und warum lassen sich Männer mit spärlicher Muskulatur Unterhemden mit ausgestellten Ärmeln aufschwatzen, bei deren Anblick die Frau immer summen möchte „Flieg, Maikäfer, flieg"? Oder diese extralangen Feinripphemden, die nach einigen Wäschen die sensibelsten Teile wie ein Glockenröckchen umspielen?

Sicherlich gibt es auch Frauen, die sich nach dem berühmten Prinzip „Oben hui und unten pfui" kleiden. Aber man braucht sich nur mal die Umsatzzahlen für Damen- versus Herrenunterwäsche anzusehen um zu erkennen, daß Männer im Dessousbereich renovierungsbedürftig sind.

82.

Warum Männer und Frauen nicht zusammen arbeiten können

Daß Männer und Frauen nicht zusammen arbeiten können, darf man nicht laut sagen, weil es politisch unkorrekt ist. Aber trotzdem wahr. Im Büro mag es ja noch gehen. Aber sowie es zu Hause ums Hand-in-Hand-Arbeiten geht, tun sich Gräben auf zwischen den Geschlechtern. Angenommen, ein Regal soll aufgehängt werden oder der Keller aufgeräumt oder was es sonst noch an unpopulären Arbeiten gibt, die man nach modernem partnerschaftlichem Verständnis zu zweit erledigt. Bereits die Bestimmung des Arbeitsbeginns kostet Kämpfe. „Morgen würde mir viel besser passen!" oder „Reicht es nicht, wenn wir um vier anfangen? Ich wollte vorher noch im Fernsehen ..." Dann entspinnt sich die Diskussion, wo anzufangen sei. „Oben", sagt die Frau. „Unten", sagt der Mann. Also in der Mitte, was beide falsch finden.

Kaum ist der erste Handstreich getan, kriegt der Mann Durst. Oder er muß sich was anderes anziehen. Also die Arbeit niederlegen. Und auf seine Rückkehr warten. Die sich verzögert, weil er zwischendurch noch schnell einen Happen essen muß und jemand anrufen. Mißmutig kommt der häusliche Sklave zurück. Jetzt hat er den Hammer vergessen. Dann flucht er, weil das Dübelloch schiefgeraten ist und faucht die Frau an, ihm nicht im Licht zu stehen.

Wenn sie dann noch unschuldig fragt: „Mußt Du immer so viel Dreck machen?", sind Arbeitskampf und Ehekrise perfekt.

83.

Worüber Männer lachen und Frauen fluchen

Männer haben einen etwas anderen Humor als Frauen, wie die sogenannten Herrenwitze beweisen, über die Frauen eher weinen als lachen mögen.

Männer haben auch einen anderen Sinn für Situationskomik, was zum Beispiel schon daran ablesbar ist, daß das „Kind im Manne" ein geflügeltes Wort ist, während vom „Kind in der Frau" nie die Rede ist. Genau wie das Wort Scherzbold zutreffenderweise männlich ist.

Zur Hochform läuft dieser etwas infantile Humor stets in der Silvesternacht auf. Die Frau hat im Schweiße ihres Angesichtes wunderbare Berliner Pfannkuchen gebacken, mit Himbeer- und Hagebuttenfüllung. Warum guckt dann unser Freund Markus so sauer? Weil, hahaha, der Scherzkeks von Ehemann einige der Krapfen heimlich mit Senf oder Konfetti gefüllt hat!

Ebenso unbegreiflich ist es für Frauen, was daran komisch sein soll, wenn am nett gedeckten Buffet mit der Luftschlangendekoration plötzlich ein Gast „Ihhhh" schreit, weil eine lebensecht aussehende Plastikspinne den Heringssalat verunziert oder auf dem weißen Damast-Tischtuch ein imitiertes Hundehäufchen prangt. Auch die angebotene Zigarette, die sich beim Anzünden als Knallfrosch entpuppt, gehört in diese Kategorie.

Daß Männer so sind, ist übrigens nicht neu: Es hat schon die Damen im Reifrock innerlich zum Fluchen gebracht, wenn sie an der Gartentafel launiger Barockfürsten Platz nahmen und dann mitten im Diner kleine Springbrunnen aus den steinernen Sitzgelegenheiten sprangen, die den Gästen die Hosenböden durchnässten.

Männer sind eben leicht zu amüsieren. Und das Schlimmste ist: Wenn man nicht als humorlose Xanthippe dastehen will, muß man auch noch gute Miene zum faden Spiel machen. Liebende Partnerinnen verteidigen die humorigen Ausrutscher ihres Gefährten gegenüber den gequält lachenden Gästen gern mit der Notlüge „Er macht das nur für die Kinder!“ Wohl wahr.

84.

Wieso können Männer nie etwas korrekt ausrichten?

Manche Männer stürzen beim ersten Klingeln des Briefträgers oder des Telefons zur Tür oder zum Hörer, so als erwarteten sie täglich die Nachricht eines Jackpot-Gewinns.

Die meisten überlassen das Geschäft mit der Kommunikation jedoch ihrer Frau, wie eine inoffizielle Meinungsumfrage ergab. Und gehen nur höchst widerwillig ans Telefon. Zum Beispiel, weil die Frau außer Haus ist oder in der Badewanne sitzt. Ebenso widerwillig sind sie dazu bereit, jemandem etwas auszurichten. In 80 % aller Fälle wird das dann vergessen. Bevor man sich ärgert, daß der Neffe nicht zum Geburtstag gratuliert hat oder weil man heuer nicht zum traditionellen Osterbrunch bei den Nachbarn eingeladen ist, sollte man lieber den Gatten einem Verhör unterziehen, ob nicht vielleicht …

Meine Freundin Annabelle läßt aus unguter Erfahrung Männer grundsätzlich nichts ausrichten – lieber ruft sie so lange an, bis sie die dazugehörige Frau am Telefon hat, oder besteht auf einer Aktennotiz. Grummelnd wird nach Papier und Bleistift gesucht. Und knapp notiert: „A. hat angerufen." Oder lapidar: „Mutter". Wer ist A.? Anton, Annabelle oder unser Chef Ackermann? War's wichtig? War's seine oder meine Mutter, die auf Rückruf wartet? Ermahnungen sind zwecklos. Daß Männer ausführliche Sätze auf Papier schreiben, kam zuletzt im Biedermeier und unserer Kennenlernzeit vor.

85.

Wo und wie es Männern wirklich schmeckt

Zwar heißt es, frisch Verknallte könnten von Luft und Liebe leben. Doch lehrt die Erfahrung, daß dicsc kaloricnarme Ernährungsweise höchstens ein paar Tage satt macht. Dann folgen die Wochen, mit Glück auch Monate, in denen der Mann jedes Muttermal, jedes Wimpernzucken, jedes leichte Lispeln der Angebeteten einfach hinreißend findet. Darin eingeschlossen alles, was die geliebte Frau auf den Tisch bringt. Selbst wenn sie nur Spiegeleier braten und Sushi vom Japaner nebenan holen kann.

Wenn sich die Beziehung allmählich auf einen gewissen Alltagstrott einpendelt, möchte der Mann außer Bratei und rohem Fisch auch mal was anderes essen. Die Frau gibt sich Mühe, vielleicht ist sie sogar eine talentierte Köchin – doch irgendwann ist es soweit, daß sich Schwiegermutters Schatten aus dem Küchendunst erhebt. Selbst Männern, die keineswegs in den höchsten Tönen, sondern eher kritisch-gedämpft über ihre Mutter reden, entwischt es eines Tages: „Hm, ja die Hammelkeule mit Minze und Rosmarin schmeckt gut – aber meine Mutter hat immer Kümmel ans Lammfleisch getan." Oder: „Könntest Du den Salat nicht mal mit Buttermilch und Zucker anmachen? Hat meine Mutti immer gemacht." Oder: „Weißt Du, was ich gern mal wieder essen würde? Pfannkuchen mit Haschee-Füllung, das konnte Mama richtig gut ..." Kurzum: Das höchste Kompliment bei Tisch aus Männermund ist nicht etwa „Schmeckt wie bei Bocuse", sondern „Schmeckt genau wie bei meiner Mutter!"

Zum Trost die Geschichte vom Mann, der seine Frau jahrelang nervte mit diesem ganz besonderen Gewürz, das seine Mutter selig immer ans Essen getan hatte. Die Ehefrau probierte alles Mögliche – von Anis bis Zimt über Kardamon und Sumach – vergebens. Bis sie eines Abends versehentlich das Essen anbrennen ließ; und der Mann strahlte: „Schmeckt genau wie bei meiner Mutter!"

86.

Wie Männer Sport treiben

Es gibt eigentlich nur zwei Sorten Männer: die Sportlichen und die Bewegungsmuffel. Mit welchem Typ eine normale Frau besser bedient ist, ist eine Frage der Abwägung.

Der Sportler ist meist gut gebaut, doch hat man nicht viel davon: Beim Spazierengehen joggt er vorneweg, fürs Kino hat er keine Zeit, weil er zum Training muß, und im Schlafzimmer übt er sich im Hantelschwingen statt in Kopfkissengeflüster. Der Kühlschrank ist verstopft von Iso-Drinks, der Briefkasten von „Fit for Fun“ und „Men's Health“. In der Wohnung findet sich kein Winkel, wo nicht ein absonderliches Trainingsgerät verstaut ist.

Bewegungsmuffel sind da pflegeleichter. Sie können übrigens durchaus Sportsfreunde sein, die den Tabellenstand der Bundesliga im Schlaf hersagen können und die Weltrangliste der Tennisspieler herunterbeten. Diese Tresen- oder Passivsportler lassen kein Skirennen am Fernseher aus, während sie selber die Berge lieber durchs Fernglas betrachten. Es sind die Männer, die sogar zum Zigarettenholen mit dem Auto fahren und die Ferien am Meer auf der Sonnenliege verbringen, weil sie unter Kraulen eine eheliche Intimität verstehen.

Mit steigendem Lebensalter wird die gemütliche Lebensweise des Passivsportlers allerdings bedroht: Hausarzt und/oder die Frau zu Hause drängeln ihn im Interesse seiner Gesundheit zum Sporteln. Kleinlaut gelobt er mehr Bewegung.

Männer, die mit ihren körperlichen Kräften haushalten, kaufen erst mal Bücher über Dauerlauf oder Ausdauerschwimmen, die man in vielen Sofastunden durchlesen muß. Dann schaffen sie sich eine prima Ausrüstung an. Aber am nächsten Tag regnet es oder er muß Überstunden machen oder er hat sich den Daumen verrenkt. Später geht er zum Gegenangriff über und sammelt in sämtlichen Medien Munition gegen Sport: Jogger mit Infarkt zusammengebrochen! Fußballstar erlitt Bänderriß! Schwimmer hat Sportlerherz! Also, dieses Schicksal wollen wir ihm und uns doch ersparen, oder?

87.

Was Männer so im Auto haben

Genau wie manche Damenhandtaschen gleichen viele Männerautos einem Sammelgrab für sentimentales Altpapier: Im Handschuhfach lagern nie abgeschickte Ansichtskarten vom letzten Urlaub und Zettel mit Telefonnummern, die man nicht anzurufen wagt, weil man leider vergessen hat, was das Kürzel G. D. bedeutet; zwischen Parkgroschen aus der Zeit vor dem Euro ein Stadtplan von Karl-Marx-Stadt, das längst wieder Chemnitz heißt; alte Kinokarten und verknüllte Supermarktrechnungen; neben einer angebissenen Tafel Schokolade mit gräulichem Belag die zerknitterte Krawatte für alle Fälle und ein Fahrtenmesser.

Auch sein Kofferraum ist die reinste Wundertüte: statt des vorgeschriebenen Verbandskastens (der wurde bei blutigem Heimwerker-Daumen vor Monaten im Haus gebraucht und dort liegengelassen) finden sich dort leere und volle Bierdosen, eine verblichene Badehose und eine Pudelmütze. Dazu ein luftleerer Fußball und das Tapetenmusterbuch von der Renovierung der vorletzten Wohnung. Wollte man immer mal auf dem Weg zur Arbeit zurückgeben.

Daß Männerhandtaschen – egal ob als Umhängeteil oder Schlenkerbeutel am Handgelenk – sich nie wirklich durchgesetzt haben, lag nicht nur am ironischen Lächeln der Frauen. Männerhandtaschen kamen nie richtig in Mode, weil sie viel zu klein sind für das, was ein Mann täglich mit sich herumschleppt.

88.

Was Männer schmückt

Ja, ich weiß: Im Tierreich ist es ganz normal. Daß Männer prächtiger geschmückt sind als Frauen. Aber was auf Erpel und Pfauen zutrifft, hat nur begrenzt Gültigkeit für Benjamin oder Thorsten. Die berühmte Tante Jolesch des Schriftstellers Friedrich Torberg formulierte es so: „Was ein Mann schöner ist als ein Aff, ist ein Luxus."

Worte, die an der modernen Männerwelt abprallen, wie sich in der ersten Frühlingssonne zeigt. Aus offenen Hemdkragen funkeln die Goldkettchen. An haarigen Männerarmen prangen Armreifen, die ehemals nur Rheumatiker trugen. Ohrringe, früher nur an Piraten gelitten, zieren heute selbst die Ohren jüngerer Banker und Finanzbeamter (berufliche Wahlverwandtschaft?). Nasenringe, einst tapsigen Tanzbären vorbehalten, bringen an jeder Schule Lehrer zum Schielen beim Versuch, an dem nicht immer appetitlichen Ding vorbeizusehen. Mick Jagger glänzt mit einem Brilli im Schneidezahn, bekennende Atheisten tragen die dicksten Kreuze um den Hals, meine Neffen drei Ringlein in der Augenbraue, mein Fitness-Trainer hat einen im Nabel. Während sich Piercing bei ästhetischer Reue beseitigen läßt, sind Tattoos eine Anschaffung fürs Leben. Unkaputtbar bis ins Altersheim. Tätowierungen waren ursprünglich ein Ausweis für einen Aufenthalt auf hoher See oder im Gefängnis. Heute sind die Schlangen und Tiger, die dem Discogänger hinten aus der Hüfthose lugen, oft künstlerisch wertvoll, aber trotzdem Geschmackssache.

Weniger unternehmungslustige Männer begnügen sich beim Herausputzen mit Krawattennadeln, Manschettenknöpfen und Siegelringen – auch wenn sie noch nie einen Brief damit versiegelt haben. Weswegen in den Augen vieler Frauen der einzig wahre Schmuck für einen Mann der Ehering ist, den sie ihm eigenhändig ansteckten.

Ich selber lasse auch noch eine richtig gute Armbanduhr gelten. Halte es aber eigentlich mit dem Spruch, den ich in einem alten Benimmbuch entdeckte: „Der schönste Schmuck für einen Mann ist die gepflegte Frau." Richtig investieren will gelernt sein, sage ich immer, und mir stehen Perlen echt besser als ihm.

89.

Wenn Männer sich nicht sicher fühlen

Eins vorweg: Diese Marotte ist nicht typisch männlich. Es gibt auch Frauen, die Tag und Nacht von der Sorge gequält werden, jemand könne sich an ihrem Eigentum vergreifen. Die sich ohne Brustbeutel noch nicht mal in den Zug von Hamburg nach Hannover setzen und selbst beim Gang zum Bäcker ihr Pfefferspray in der Tasche haben.

Dennoch ist die Angst, beklaut zu werden, bei Männern noch viel ausgeprägter, sitzt tiefer und treibt die merkwürdigsten Blüten. Das liegt zum einen daran, daß eine Frau, der man das Portemonnaie entrissen hat, mitfühlend als Opfer bedauert wird. Männer, die sich von einem Taschendieb überlisten ließen, fühlen sich nicht nur um ihr Geld, sondern auch in ihrer Männlichkeit geprellt. Männer wollen kein armes Hascherl sein. Es ist ihnen peinlich, der Dümmere oder Schwächere zu sein. Selbst Hänflinge pflegen deshalb Terminator-Allüren: Ich kenne Männer, die hinter der Wohnungstür einen Baseballschläger stehen haben und unterm Fahrersitz im Auto einen Wackerstein liegen.

Außerdem steckt in den meisten Männern ein Pfiffikus, der sich darin gefällt, mit technischen Spielereien den bösen Einbrecher zu überlisten. Selbstgebastelte Alarmanlagen und ein ausgeklügeltes System von Zeitschaltuhren können eine gesunde Frau zum Wahnsinn treiben. Neulich brachte mein Mann mir einen Überraschungsgast ins Haus: Es war der Sicherheitsbeauftragte der Polizei. Die beiden Männer verstanden sich prächtig: Also, hier könnte man einen Bewegungsmelder, dort ein Scherengitter, da drüben einen eisernen Rolladen und auf die Gartenmauer Stacheldraht ... Erst als ich mit meinem und der Katze Auszug aus dem geplanten Hochsicherheitstrakt drohte, wurden die Maßnahmen zurückgefahren.

Es sind auch im allgemeinen Männer, die auf so gloriose Ideen verfallen wie den Schmuck ihrer Frau in die Tiefkühltruhe und das Sparbuch in den Backofen zu legen. Was daraus wird, kann man alle Sommer wieder in der Zeitung lesen.

90.

Wie Männer spülende Frauen bevormunden

Es gibt Männer, die wenig im Haushalt helfen. Das muß nicht unbedingt ein Charakterfehler sein – es kann auch sein, daß die Frau aus unguter Erfahrung den Mann von Herd und Bügelbrett fernhält.

Aber ganz egal, ob unser Mann ein mustergültiger Mitarbeiter im Haushalt ist oder Kehrdienstverweigerer – ein Gegenstand im Haushalt zieht ihn magisch an. Das ist die Spülmaschine. Während er sonst höchst unwirsch reagiert, wenn er beim Zeitungslesen unterbrochen wird – sowie er hört, daß die Frau die dreckigen Teller vom Mittagessen in die Maschine stellt, schmeißt er den Sportteil beiseite und marschiert stracks in die Küche, um ungebeten beim Einräumen zuhilfe zu kommen. Hat die Frau die Tassen rechts und die Teller links eingestellt, nimmt er alles wieder raus und ordnet sie andersrum an, wobei er etwas von Strömungstechnik, Verwirbelung und Zirkulation murmelt. Füllt die Frau den Besteckkorb mit den Zinken der Gabeln nach oben, dreht er sie um. Oder umgekehrt. Ich weiß von Ehekrächen, die sich an der Frage entzündeten, ob Messer mit der Schneide nach oben oder nach unten in die Spülmaschine gehören.

Es steckt in den meisten Männern das Vorurteil, daß Frauen nichts von Physik verstünden, sie dagegen einen genetisch verankerten naturwissenschaftlichen Verstand hätten. Listig beginnt die Frau, die Spülmaschine vorzugsweise dann zu beladen, wenn sie den Mann im Keller oder sonstwo gut aufgehoben wähnt. Nützt aber nichts. Wann immer er in die Küche kommt, um sich sein berühmtes Käsebrot zwischendurch zu machen, öffnet er zwanghaft die Klappe der Abwaschmaschine, um zu kontrollieren, ob auch alles so drinsteht, wie er's für richtig hält. Wenn nicht, wird umgebaut. Die ganz schlimmen Kontrolettis schrekken nicht einmal davor zurück, die eben angelaufene Maschine zu stoppen, um die Beladung und Spülmittelmenge zu kontrollieren.

Wenn es sich nicht einrichten läßt, dem Mann die Spülmaschine ganz allein als Männerspielzeug zu überlassen oder grundsätzlich nur in seiner Abwesenheit zu spülen, hilft eigentlich nur die Lösung, die man gemeinhin schon mit der Zahnpastatube oder dem Auto und anderen Zankäpfeln praktiziert: Schaffen Sie sich eine Zweitmaschine an.

91.

Wenn Männer Hunger haben

Männer können unleidlich sein aus tausend Gründen. Frauen natürlich auch, wobei es sich jedoch meist um andere Gründe handelt. Einem Mann vermiest es nicht die Stimmung, falls er einen Pickel auf der Stirn oder der Friseur sein Haar zwei Zentimeter zu kurz geschnitten hat. Männer sind mit Vorsicht zu behandeln, wenn ihr Fußballverein verliert oder das neue Auto einen Kratzer hat. Am unleidlichsten sind Männer, wenn sie Hunger haben. Dann knurren sie mit ihrem Magen um die Wette.

Kluge Frauen haben drum nie einen leeren Kühlschrank. Sie wissen, daß es ratsam ist, den Gatten vorzufüttern, falls ein Abendessen mit unpünktlichen Freunden geplant ist. Denn der hungrige Mann verliert jedes Zeitempfinden. Wenn der Kellner ihn nicht binnen Sekunden wenigstens mit Brot und Butter besänftigt, erwägt der Mann mit dem Loch im Magen Briefe an die Geschäftsleitung; und den Gast am Nebentisch, der sein Schnitzel schon hat, treffen mordlustige Blicke.

Ein Alptraum für die Frau an seiner Seite sind auch gesellige Anlässe, wo der Mann sich auf ein üppiges Buffet gefreut hatte, doch dann werden bloß winzige Sushi-Häppchen oder Gemüsestreifen an Magerquark gereicht.

Während Museen gelernt haben, daß Kultur viel williger konsumiert wird, wenn zwischen den Alten Meistern auch ein Bistro lockt, während man im Kino Männer mit hohlem Magen mit Popcorn ruhigstellen kann, sind der Betreuerin des hungrigen Wolfes im Konzert und im Theater die Hände gebunden. Erfahrene Frauen tragen deshalb immer einen Schokoriegel als Notnahrung für die Pause in der Handtasche.

In feinen Boutiquen findet man oft ein diskretes Eckchen, wo den Begleitern der Kundinnen ein Täßchen Kaffee angeboten wird, um ihnen die Wartezeit auf die unentschlossenen Damen in den Umkleidekabinen zu verkürzen. Wenn die Geschäftsleitung schlauer wäre, böte sie dort ein dickes Schinkenbrot an – das würde den Umsatz garantiert steigern.

92.

Wenn Männer allzu anwesend sind

Der Anlaß kann erfreulich sein (ein Sabbatjahr, Lottogewinn, endlich Rente) oder eher schicksalhaft (langwierige leichte Krankheit, Arbeitslosigkeit) – das Resultat ist jedenfalls das Gleiche: Auf einmal schwirrt der Mann den ganzen Tag im Haus herum. Zwar hat man oft jahrelang davon geträumt, wie wunderbar es wäre, wenn er endlich ein bißchen mehr Zeit für die Familie hätte ... aber die Lebensweisheit vergessen, wonach es nichts Schlimmeres gibt als erfüllte Wünsche.

Auf einmal hat er also Zeit. Das ist am Anfang sehr erfreulich, wenn er sich an überfällige kleine Reparaturen macht und endlich mal die Urlaubsfotos der letzten zehn Jahre sortiert. Leider sind die meisten Männer auf Dauer damit nicht ausgelastet. Also erweitern sie ungebeten ihre Kompetenzen.

Der Mann auf Haus-Urlaub leert Mülleimer und Staubsaugerbeutel, auch wenn sie erst halbvoll sind. Er kontrolliert die Blumenerde der Topfpflanzen auf Feuchtigkeit, obwohl er Geranien nicht von Alpenveilchen unterscheiden kann. Er macht sich siebzehn Mal am Tag ein Brot. Er schnüffelt in Schränken und Schubladen wie ein Steuerfahnder, ob's da nicht was aufzuräumen gibt. Oder, brandneues Hobby aller Hausmänner, was sich bei Ebay versteigern ließe. Er beginnt ein Haushaltsbuch zu führen und fragt, ob es normal ist, wieviel Zahnpasta wir verbrauchen. Er nimmt uns netterweise den Großeinkauf im Supermarkt ab, kommt aber zurück mit dem supergünstigen Zehnerpack Sauerkraut oder Nutella, was niemand in der Familie anrührt. Er will auf einmal, nach jahrelangem Mangel an Zeit und Interesse, die Hausaufgaben der Kinder sehen. Oder, was von Teenagern als noch lästiger empfunden wird, deren Freunde näher kennenlernen. Er schaut demonstrativ auf seine Armbanduhr, wenn Frau oder Sprößlinge mit ihren Freunden telefonieren. Er verwickelt Postboten, Stromableser, Fensterputzer, Sprudellieferanten in tiefschürfende Gespräche über das Preis-Leistungs-Verhältnis ihrer Dienste – was denen so wenig behagt wie der Hausfrau, die mit diesen Männern jahrelang gut ausgekommen ist. Da hilft dann nur noch eins: Schicken Sie ihn ins Kino. Wenn der gute alte Loriot-Film „Pappa ante portas" mal wieder auf dem Programm steht.

93.

Wozu brauchen Männer so viele Tasten?

Mir wär's am liebsten – und da weiß ich mich in guter Gesellschaft vieler Frauen –, Radios, Spülmaschinen, Handys und so weiter hätten nur einen einzigen Knopf. Zum Ein- und Ausschalten. Das verhindern die Ingenieure in der Industrie und der bei uns zu Hause leider gemeinsam. Männer meinen, je mehr Knöpfe, Schalter, Sensoren und

Optionen ein Gerät hat, desto mehr taugt es. Frauen haben da ihre berechtigten Zweifel.

Es ist richtig, daß Haushalts- und Unterhaltungsgeräte gelernt haben, immer mehr zu machen: Doch das Leben lehrt, daß die meisten Menschen einem Radiosender treu sind und ihre Spülmaschine immer im gleichen Programm fahren. Und Männer drücken an der Waschmaschine sowieso am liebsten die Kochtaste für schwarze Wollpullover in Gesellschaft weißer Hemden. Auch benötigen wir am Tiefkühlschrank eigentlich nicht die Schnell-Taste fürs Eingefrieren halber Ochsen. So wenig wie eine Tastatur für japanische Schriftzeichen auf unserem PC. Zu all den Multifunktionsgerätschaften kriegt man eine Gebrauchsanleitung so dick wie das Telefonbuch. Handelt es sich um ein Modell aus Fernost mit Übersetzung in Phantasiedeutsch, so kann es in den besten Familien vorkommen, daß der neue Videorecorder oder Telefonbeantworter schamhaft im Karton verstaubt.

„Bauknecht weiß, was Frauen wünschen ..." – das war einmal!

94.

Was alle Männer auf ihre Frauen abschieben

Seine Mutter wird 70. Seine Sekretärin hat ein Kind gekriegt. Seine Nichte heiratet. Sein Chef hat Firmenjubiläum. Und wer besorgt das dazu fällige Geschenk? Darf ich raten? Sie! Seine Frau.

Alle Jahre wieder beschäftigen sich Meinungsforscher und Medien mit der Arbeitsteilung in Ehe und Partnerschaft. Während der Mann in den letzten Jahrzehnten deutlich zugelegt hat beim Anpacken des Staubsaugers oder der Mülltüten und sich auch stärker um seine Sprößlinge kümmert, blieb er jedoch ein absoluter Drückeberger im Bereich der gesellschaftlichen Verpflichtungen. Wer besucht Oma im Krankenhaus? Wer schreibt die Weihnachtskarten und die Bedanke-mich-Briefe? Wer bestellt den Kranz zu Nachbars Beerdigung? Wer denkt daran, daß man sich endlich mal revanchieren müßte für die oppulente Essenseinladung bei Annabelle und Matthias? Höchstwahrscheinlich sie.

Wie kommt es, frage ich mich, daß ansonsten so erfindungsreiche Männer nicht die Spur einer Idee haben, was sie ihrer Schwester zur zweiten Hochzeit schenken sollen? Daß sie allen Ernstes behaupten: „Ach Liebling, Du kennst sie doch viel besser als ich!" – obwohl wir dieser Marion, die weit weg lebt, nur selten begegnet sind?

Wie kommt es, frage ich mich, daß Männer ohne rot zu werden noch immer ihre Sekretärin in die Parfumerie schicken, um ein Geschenk für ihre Frau zu besorgen und umgekehrt?

Männer sind die personifizierte Einfallslosigkeit im Sozialressort der Familie. Zu faul, um länger als drei Minuten nachzudenken, womit sie ihren Mitmenschen eine etwas persönlichere Freude machen könnten als mit dem 0815-Präsent wie Pralinenschachtel, Cognacflasche, Rosenstrauß. Zu bequem, um im Bekanntenkreis ein bißchen zu recherchieren, welche Bücher, Farben, Blumen oder Schallplatten ein Geburtstagskind wirklich mag. Zu vergeßlich, um daran zu denken, daß Likörbohnen weder für Diabetiker noch für Antialkoholiker das passende Geschenk sind.

Richtig gut und gern beschenken die meisten Männer nur eigene und fremde Kinder jenseits des Konfirmationsalters: Die mögen nämlich am liebsten Bargeld.

95.

Wieviele Messer braucht ein Mann?

Wenn Sie mal nicht wissen, was Sie einem Mann schenken sollen – ich weiß es. Ein Messer. Ein Taschenmesser zum Beispiel.

Falls es nicht Ihr Mann ist, mag seine Frau oder Freundin einwenden, er habe doch schon drei. Als ob das was zu sagen hätte! Ein Mann, der ein Schweizer Messer besitzt, kann davon noch fünf mehr gebrauchen. Denn sein rotes hat zwar einen Schraubenzieher und einen Zahnstocher, aber keine Lupe und keine Schere. Sein schwarzes hat alles, sieht in engen Hosen aber aus wie ein Furunkel unter der Gesäßtasche. Und jetzt haben wir die anderen Kultobjekte wie Leatherman, Herbertz, Opinel, Nontron, Brusletto, Moki, Böker und Laguiole noch gar nicht besprochen!

Gut, es soll Männer geben, die keine Taschenmesserfreaks sind. Was freilich nicht heißt, daß sie resistent sind gegen die geschliffene Verführung. Sondern, daß für die gleich was Größeres her muß: Kann sein, daß sie Hobbykünstler in der Küche sind und das Objekt ihrer Begierde in diesen Katalogen steckt, die pünktlich zur Weihnachtszeit den Gourmetzeitschriften beiliegen und erstaunten Hausfrauen mit dem Sparschäler klarmachen, daß man Kartoffeln auch mit einem Messer im Gegenwert einer mittleren Stereoanlage schälen kann.

Das Verhältnis von Männern zu Messern ist selbst bei ehemaligen Zivildienstleistenden irgendwie erotisch. Alle Männer lieben Messer. Um sich damit die Fingernägel zu reinigen. Um sich im Dunkeln stark zu fühlen, falls ein großer Hund kommt. Meine beste Freundin ist mit einem Friedensforscher verheiratet – aber beim Anblick eines kaltgeschmiedeten Lachsmessers für 159 Euro blitzen seine Augen vor Habenwollen.

Sie glauben mir nicht? Bitten Sie einen Mann Ihres Vertrauens, mal eben eine Zwiebel zu schneiden – ach was, eine klitzekleine Schalotte zu würfeln –, und was holt er aus der Küchenschublade für diese Tätigkeit? Ein ellenlanges Schlachtermesser. Das er erst mal sorgfältig schärft: Es gehört zum männlichen Katechismus, daß Frauen vom richtigen Schleifen eines Messers so wenig verstehen wie von der Abseitsfalle.

96.

Warum Männer schwarze Hemden wollen

Für gewöhnlich gibt es von der Kleiderordnung deutscher Männer nichts zu berichten, weil es da nichts Berichtenswerteres gibt als den langsamen Schwenk von der Feinripp-Unterhose auf heiter bedruckte Boxershorts. Angesichts der massenhaften Verbreitung des schwarzen Hemdes möchte ich dieses Schweigen brechen.

Denn das schwarze Hemd ist nicht einfach Mode. Es ist sozusagen weltanschaulich. Es hat so was von Protest. Protest gegen den feingemachten Bürger, den Kellner, den Vorstandsvorsitzenden, den Leichenbestatter, den biederen Bräutigam, die samt und sonders im dunklen Anzug mit blütenweißem Hemd zu ihren mehr oder weniger feierlichen Verrichtungen schreiten. Und es ist eine Art überfälliger Schulterschluss mit all den klugen Frauen, die schon seit eh und je im kleinen Schwarzen, in schwarzen Badeanzügen und mit schwarzummalten Augen gehen.

Schwarz hat was, wie schon die Rocker in ihren genieteten Lederjacken wussten und die Versicherungsvertreter, die nebenberuflich schwarze Krimis, schwarze Poesie oder Schwarzgeld verfassen und in der Freizeit schwarze Lederhosen tragen.

Heute hingegen will das schwarze Hemd am Mann eine intellektuelle Duftnote verbreiten. Erwachsene Männer, die sich einst mit ihrem Erzeuger sogar über das Erbe entzweit haben, wegen des weißen Hemdes, in das sie anlässlich Konfirmation, Hochzeit, Senioren-Geburtstag o. ä. gezwungen wurden, gehen heute willfährig der Schwarzhemd-Mode auf den Leim. Natürlich bestreiten sie, daß sie mit der Mode gehen und schwöre flaue Schwüre, daß sie schon seit 1981 schwarze Hemden tragen.

In einem klassischen Ostfriesenwitz fragt ein Dummi nach den Rangabzeichen der Polizei. Drei Streifen am Ärmel bedeuten: Kann lesen und schreiben. Zwei Steifen heißen: Kann lesen. Ein Streifen: Kennt einen, der lesen und schreiben kann. Das Gefälle unter den modischen Schwarzkitteln ist ähnlich. Schwarzer Anzug, schwarzes Hemd und schwarze Krawatte: Der Mann will Künstler werden. Schwarzes Hemd allein: Kennt mindestens einen Künstler.

97.

Warum sind Männer bloß so taktlos?

Seit es sich ein bißchen herumgesprochen hat, daß ich mich quasi archivarisch mit den Macken der Männer beschäftige, sprechen mich befreundete, bekannte und sogar halbfremde Frauen an, die mir von einfach nur lästigen oder auch echt abgedrehten Verhaltensweisen der ihnen nahestehenden Männer berichten. Häufig beginnen sie mit den Worten: „Ich hätte ihn umbringen können, als er ...“ Wollen Sie wissen, was das häufigste Thema ist? Taktlosigkeit.

Daß man Frauen nicht sagen sollte: „Mensch, wie hast Du Dich verändert!" – außer freilich, wenn sie zehn Kilo abgenommen, einen jüngeren Liebhaber, einen erfahreneren Friseur und ein verdoppeltes Einkommen haben, denn dann wollen sie das hören –, kann man dickfelligen Männern ja noch nahe bringen. Leider verstehen sie jedoch nicht, was daran verkehrt sein soll, wenn sie dem Kellner, der nach den Wünschen der Frau Gemahlin fragt, das Wort abschneiden und sagen: „Das ist nur meine Schwester!" Nur. Na ja. Das spart einen Blick in den Spiegel.

Wahrscheinlich kapiert auch kein Mann, was daran taktlos ist, wenn er gönnerhaft verkündet: „Eigentlich wollten wir Dir das Geschenk ja schon gestern auf Deiner Geburtstagsfeier geben, aber weil Deine anderen Freunde keins dabei hatten, bringen wir es erst jetzt ..." Da möchten Frauen in den Erdboden versinken und Männer verstehen nicht mal, wieso sie später unter vier Augen als Büffel, Fettnapftreter oder ungeschlachte Gesellen bezeichnet werden.

Die Taktlosigkeit der Männer, die sie selber als Wahrheitsliebe deklarieren, führt oft zu einem warnenden Augenrollen der Frauen oder zu einem diskreten Tritt ans Schienbein. Länger verbandelte Männer verstehen dann, daß sie sich einen Klops geleistet haben. Kürzer Liierte setzen der Sache dann noch die Krone auf durch die Frage: „Hast Du was am Auge?" oder die Klage: „Geh doch mal von meinem Fuß runter!"

98.

Wenn Männer auf Abwege geraten

Einige Wochen lang trug die Frau ihre Bestürzung still mit sich herum. Überhörte geflissentlich die Bemerkungen, daß man ihren Mann getroffen hätte mit diesem heißen Ofen. Wiegelte ab, erklärte mit gezwungenem Lächeln, daß es nichts Ernstes sei.

„Jaja, je öller, je döller", sinnierte die Bäckersfrau und klatschte im vollen Laden, daß man den Mann in engen schwarzen Lederhosen gesichtet habe, und das am heißesten Tag des Jahres.

„Ja, wo isser denn?" fragte die Mutter, rätselte der Kollege, staunte die beste Freundin, weil der Mann wochenends fast nie mehr daheim war. Dieser Mann, der anderthalb Dezennien als vorbildlicher Familienvater geglänzt hatte! Jahre harmonischen Ehelebens ohne schwerwiegende Meinungsverschiedenheiten – sollte das jetzt alles vorbei sein?

Als die Gerüchte den Wohnblock verließen, darüber hinausflatterten in den Bekanntenkreis, entschied sich die Frau zur Flucht nach vorn und schüttete den Freundinnen ihr Herz aus.

„Mein Gott, das ist ja, als finge er mit Fünfzig plötzlich an zu rauchen!" entsetzte sich die eine.

„Wenigstens ist sie nicht blond!" tröstete die andere.

Die neue Geliebte ist schwarz, schwer, bullig. Sie riecht nicht gut und ist laut. Zum Trost der Frau schütteln auch die Nachbarn missbilligend den Kopf, wenn der Mann nach Feierabend seine Familie im Stich lässt und mit seiner neuen Liebe abzischt.

Gute Miene zum bösen Spiel, ménage à trois oder flotter Dreier heißt die alte Regel, wenn man einen abirrenden Mann noch nicht gleich aufgeben will.

Also hat sich Frau ein Herz gefasst und Grätsche geübt und umfasst jetzt sonntags beherzt wie ein Klammeraffe von hinten die ledernen Lenden ihres Mannes und macht die Augen zu und verflucht die Yamaha, die Kawasaki, die BMW, die Harley-Davidson oder wie immer ihre Nebenbuhlerin heißt. Klack-klack machen die Helme in jeder Kurve, die Füße werden immer eisiger, nur die linke Wade brennt von der gestrigen Berührung mit dem glühheißen Auspuff, aber ansonsten ist Motorradfahren natürlich herrlich!

99.

Was Männern an die Gurgel geht

Manche Männer tragen nie einen. Manche Männer tragen immer einen. Die meisten Männer tragen manchmal einen.

Die so genannten interessanten Männer unterschieden sich von dieser Mehrheit dadurch, daß sie zu Zeiten und Anlässen, wo alle Männer mit Krawatte rumlaufen (Hochzeit der Schwester, Kreditersuchen bei der Bank), eben keine tragen. Wohingegen sie an Orten und Terminen, wo kein normaler Mensch im Schlips aufkreuzt (Reeperbahnbummel, Flohmarktbesuch), mit einem strammen Binder unter der Jeansjacke oder sogar im Blazer daherkommen.

Der prinzipielle Nicht-Krawattenträger, der Schlipsmuffel, deklariert seinen Verzicht auf ein Stückchen Stoff gern als nonkonformistische Lebensanschauung. Ich habe freilich nie begriffen, warum so ein aufrechter 68er mit uns aus freien Stücken dennoch ein Spielcasino oder einen dieser Nachtclubs besucht, wo bekanntlich Krawattenzwang herrscht.

Wie ein lächerlicher Missionar pflegt sich unser Freund mit Rückgrat (Hier steh' ich ohne Schlips und kann nicht anders ...) auf weltanschauliche Diskussionen mit einem müden, plattfüßigen und unendlich gelangweilten Türsteher einlassen, der an diesem Abend schon drei solcher Bekehrungsversuche hinter sich hat. Und sich natürlich doch durchsetzen wird, indem er unserem Freund für fünf Euro eine gräuliche Trevirakrawatte verpasst. Oder, wenn er clever ist, auch nur eine Elle schwarzes Gardinenband, welches sich zu einer Not-Fliege binden lässt.

A propos Fliege: Ihr gebührt eine Sonderstellung unter den Krawatten. Seit einem halben Jahrhundert ist sie das Signalement: Achtung, Künstler! Weswegen man sie bevorzugt an den grauen Truthahnhälsen von Baubehörden-Architekten antrifft. An den erkälteten Kehlköpfen älterer Musiklehrer, die eigentlich Opernsänger werden wollten. Bei Finanzbeamten, die in ihrer Freizeit Brandmalerei betreiben.

Und natürlich bei all den Männern mit schicken Hemden, deren Frauen in ihren Männern mehr kreatives Potential sehen als der Rest der Welt.

100.

Wie Männer Komplimente vergeigen

Komplimente sind Schokolade für die Seele. Sie machen gute Laune und dabei noch nicht mal dick. Die meisten Frauen können gar nicht genug davon kriegen. Leider verstehen sich allerdings die meisten Männer (außer Schriftstellern und Schlagersängern) nicht auf Sätze wie „Deine Augen sind wie tiefe grüne Bergseen" oder „Du bist das Feuer meiner Lenden".

Wenn Männer uns Komplimente machen, klingt das meistens so: „Für eine Frau fährst Du nicht schlecht Auto." – „Für Dein Alter hast Du noch gar nicht so viele Falten." – „Dein Busen kann sich immer noch sehen lassen." Jemand müßte Männern mal sagen, daß Einschränkungen jedes Kompliment verkleinern und das Wörtchen „noch" schlichtweg wertmindernd ist!

Aber auch ohne Einschränkungen ist es mit den Komplimenten so eine Sache. Sagt er: „Auf diesem Foto siehst Du zehn Jahre jünger aus!", denkt sie: Anders als in Wirklichkeit oder was?

Sagt er: „Gestern abend warst Du die schönste Frau auf der Party!", denkt sie: Na, kein Wunder bei den Schreckschrauben, die sonst da waren! Lobt er: „Diese Schokoladencreme hätte meine Mutter nicht besser hingekriegt!", grantelt sie heimlich: Und dafür habe ich mich zwei Stunden mit einem Bocuse-Rezept in die Küche gestellt, damit er mich mit der Mehlpappküche meiner Schwiegermutter vergleicht. Schwärmt er: „In dieser Hose hast Du einen knackigen Hintern", fürchtet sie insgeheim: Ja – und wenn ich die Hose ausziehe? Und wenn er sagt: „Gut siehst Du heute aus!", nörgelt es in ihr: Und was war gestern und vorgestern?

Ja, zugegeben, die meisten Männer sind keine begnadeten Komplimente-Drechsler. Es muß aber auch mal gesagt werden, daß wir es ihnen manchmal schwermachen.

Ein bißchen sind wir halt alle wie die Frau, die ihrem Mann zwei Krawatten schenkte. Um ihr seine Freude zu zeigen, band der Mann gleich eine davon um. Sagt sie: „Ach, die andere gefällt Dir wohl nicht!"

Dank

Ein extra Dankeschön an Markus Dietsch und Christian Personn, die mir in der Zeitschrift „Frau von heute“ selbstlos ein Versuchslabor eingerichtet haben.